La rhétorique

QUE SAIS-JE ?

La rhétorique

OLIVIER REBOUL

Professeur à l'Université
des Sciences humaines de Strasbourg

Sixième édition

41e mille

OUVRAGES DU MÊME AUTEUR

L'homme et ses passions d'après Alain, 2 vol., PUF, 1968.
Kant et le problème du mal, Presses de l'Université de Montréal, 1971.
La philosophie de l'éducation, PUF, 1989.
L'éducation selon Alain, Vrin, 1974.
Nietzsche critique de Kant, PUF, 1974.
Le slogan, « Complexe » / PUF, 1975.
L'endoctrinement, PUF, 1977.
Langage et idéologie, PUF, 1980.
Qu'est-ce qu'apprendre ?, PUF, 1980.
Le langage de l'éducation, PUF, 1984.
La philosophie de l'éducation, « Que sais-je ? », n° 2441, PUF, 1992, 3e éd.
Les valeurs de l'éducation, coll. « Premier Cycle », PUF, 1992.
Introduction à la rhétorique, coll. « Premier Cycle », PUF, 1992, 2e éd.

***

Ecrits en l'honneur d'Olivier Reboul, PUF, 1993.

ISBN 2 13 045380 5

Dépôt légal — 1re édition : 1984
6e édition : 1998, novembre

INTRODUCTION

L'objectif premier de ce livre est de permettre à son lecteur de savoir ce qu'il veut dire quand il emploie le mot « rhétorique ». Le terme a certes plusieurs significations, mais nous voudrions montrer, et ce sera notre second objectif, qu'elles sont cohérentes et renvoient à une même réalité : « la » rhétorique.

La rhétorique : terme péjoratif. Personne n'aimerait à s'entendre traiter de « rhéteur », et c'est disqualifier un discours que d'admirer « sa rhétorique ». De même, les rares termes de la technique rhétorique qui sont passés dans le langage courant sont presque tous péjoratifs : pathos, lieu commun, hyperbolique, digression, péroraison... Pourquoi ce discrédit ?

D'abord parce que la rhétorique apparaît comme l'art, sinon de mentir, du moins de manipuler les gens par le discours, un discours tendancieux et piégé, comme peut l'être une plaidoirie, un tract électoral, une apologie. Ensuite, parce que la rhétorique est perçue comme le propre d'un discours conventionnel, emphatique et creux, « un vain discours ». En fait, ces deux raisons sont parfaitement contradictoires ; un discours ne peut être à la fois vain et manipulateur ! On répondra que, dans les deux cas, la parole est artificielle et manque donc de sincérité. Mais la sincérité n'est pas un critère ; on peut mentir sans rhétorique et tenir sincèrement un discours rhétorique, soit au sens de vain, soit au sens de manipulateur. En fait, la rhétorique que l'on blâme est celle que l'on remarque, autrement dit celle qui a fait long feu, soit par maladresse, soit par désuétude. La vraie rhétorique est tout autre chose.

Au sens le plus général, elle est l'art du discours ; *bene dicendi scientia*, dit Quintilien (II, 15, 34), définition que le *Robert* reprendra quelques vingt siècles plus tard : « L'art de bien parler ». Mais pourquoi cherche-t-on non seulement à parler mais à « bien » parler ? Pour faire comprendre, pour faire agir, pour faire croire, en un mot pour persuader. Cet art de persuader par le discours, il est probable qu'il a toujours existé, qu'il est contemporain de la parole elle-même. Il n'est que de lire la Bible, où pourtant le concept de rhétorique n'apparaît pas, pour en retrouver tous les procédés : métaphores, hyperboles, ironies, prosopopées, allégories, dispositions, lieux, etc.

En un second sens, la rhétorique est l'enseignement de cet art du discours. Ce qui implique qu'on a découvert, au sein des multiples discours, des procédés « enseignables », c'est-à-dire tels qu'on puisse les communiquer à d'autres et les transférer aux situations les plus diverses. Ces procédés, les lieux (arguments types), les plans, les figures de style, la diction, c'est la culture grecque qui les a mis à jour pour en faire un système. La Grèce n'a pas inventé la rhétorique, mais son enseignement ; ce qu'on pratiquait jusque-là sans le savoir, on s'est préoccupé de savoir le pratiquer.

Mais aussi de le savoir pour le savoir. Et c'est là le troisième sens du mot rhétorique, qui selon nous remonte à Aristote : elle est la théorie du discours persuasif. Ce discours, elle l'étudie non pour l'utiliser mais pour le comprendre ; elle n'est plus normative mais explicative. On remarquera que ce dernier sens peut être contradictoire avec les précédents ; car, en perçant à jour les procédés de la rhétorique, ne les rend-on pas inopérants ? Ce n'est pas un des moindres paradoxes de cet art que sa propre théorie risque de le faire disparaître !

Notre dernier objectif sera de montrer que le paradoxe n'est qu'apparent ; car la rhétorique est tellement indispensable qu'on ne la supprime que pour une autre rhétorique. L'histoire en est une illustration. Après être tombée, à la fin du XIXe siècle, dans un oubli méprisant, la rhétorique est revenue en force au cours des années 60 ; on s'est rendu compte qu'on en faisait toujours, dans la publicité comme dans la politique ou même l'enseignement, bien que sans le savoir, et qu'il valait mieux en faire en le sachant.

L'art de persuader par le discours, donc. J'entends par « discours » un ensemble organisé de phrases sur un sujet donné ; c'est dire que, si la rhétorique s'applique aux « discours » dans le sens classique, judiciaires, politiques, commémoratifs, elle peut se trouver aussi dans un tract, une affiche, un cours magistral ou une lettre d'amour ; il suffit qu'on veuille persuader. J'entends par « persuader » l'acte de susciter chez autrui une croyance par des moyens aussi bien affectifs que rationnels, à la fois par « la vérité et la volupté », comme disait Pascal (p. 187) (1). Le mot « art » est ambigu, puisqu'il désigne à la fois un ensemble de procédés qu'on applique inconsciemment et une méthode consciente, transmise, enseignée ; de plus, il connote tantôt la technique, tantôt la beauté. Cette ambiguïté se retrouve dans

(1) Voir la bibliographie en fin de volume.

« l'art du discours » ; elle n'est pas fortuite ; elle appartient à l'essence même de la rhétorique.

La rhétorique est donc l'art de persuader par le discours ; elle est aussi l'enseignement et enfin la théorie de cet art. C'est dans ce dernier sens que nous l'aborderons.

CHAPITRE PREMIER

L'HISTOIRE ET LE SYSTÈME

I. — Les trois sources de la rhétorique en Grèce

La rhétorique, affirme Roland Barthes, « est née des procès de propriété ». On pourrait dire aussi bien qu'elle est née de la liberté. Dans la Sicile grecque du Ve siècle avant notre ère, la chute des tyrans fut suivie d'innombrables procès intentés par les spoliés et les bannis qui voulaient recouvrer leurs terres. Devant les tribunaux populaires, il fallait savoir parler pour convaincre. Un certain Corax et son disciple Tisias se mirent à enseigner l'art de persuader par le discours. Corax, vers 460, écrit un manuel, *Technè rhétorikè*. Cette première « technique », qui sera suivie de bien d'autres, est déjà un art oratoire, un ensemble de préceptes pratiques éclairés par des exemples. On y trouve l'ébauche de la disposition du discours : exorde, « lutte », épilogue, et le recours au vraisemblable *(eikos)*. Bref, une technique judiciaire très habile, sans souci esthétique ou philosophique, et qui sert à convaincre aussi bien du faux que du vrai.

Illustration n° 1 : Le dilemme de Corax. — Citons ce récit célèbre, en notant qu'en grec Corax signifie corbeau :

Un certain Tisias, ayant entendu dire que la rhétorique est l'art de persuader, s'en va trouver Corax pour se former dans cet art. Mais une fois qu'il n'eut plus rien à apprendre, il voulut frustrer son maître du salaire promis. Les juges s'étant rassemblés, Tisias eut recours, dit-on, devant eux à ce dilemme : « Corax, qu'as-tu promis de m'apprendre ? — L'art de persuader qui tu voudras. — Soit, reprit Tisias : ou bien tu m'as appris cet art, et alors souffre que je te persuade de ne point toucher d'honoraires ; ou bien tu ne me l'as pas appris, et dans ce cas je ne te dois rien, puisque tu n'as pas rempli ta promesse. » Mais Corax, à son tour, riposta, dit-on, par cet autre dilemme : « Si tu réussis à me persuader de ne rien recevoir, il faudra me payer, puisque j'aurai tenu ainsi ma promesse. Si au contraire tu n'y arrives pas, dans ce cas encore tu devras me payer, à plus forte raison ! » En guise de verdict, les juges se contentèrent de dire : « A méchant corbeau (Corax) méchante couvée » (1).

Ce récit, sans doute légendaire, est riche d'enseignements sur les sentiments ambigus qu'éprouvaient les Anciens envers la rhétorique. Fascination, entretenue par les rhéteurs eux-mêmes, devant cette technique permettant de « persuader qui tu voudras ». Mais aussi défiance devant ces arguties qui donnent le pouvoir de persuader aussi bien du contre que du pour, ce dont témoigne l'écœurement des juges qui tranchent ces subtilités par un calembour. Conviction aussi que cet art de persuader, les rhéteurs peuvent l'enseigner à quiconque veut bien y mettre le prix. Notons enfin que chacun des deux dilemmes est rigoureusement logique. D'où vient alors qu'ils se contredisent ? De ce que leur fondement même est contradictoire ; si mon objectif pédagogique est de

(1) Cité par O. Navarre, p. 12. Tout ce qui suit s'appuie sur O. Navarre, A. Chaignet et R. Barthes.

permettre au disciple de persuader qui il voudra à condition qu'il me paye après coup, c'est aussi absurde que de promettre à quelqu'un de lui donner tous les droits à condition qu'il m'obéisse toujours ! Maintenant, tout maître n'est-t-il pas peu ou prou dans la situation de Corax ?

Vu les relations commerciales entre Athènes et la Sicile, et les nombreux procès qui s'ensuivaient, la rhétorique judiciaire s'introduisit très vite à Athènes. Son plus grand représentant est Antiphon (480-411), qui enrichit et structure l'enseignement de cette discipline ; son objectif, alors qu'il n'y avait pas d'avocats, est de mettre le premier venu en état de plaider, grâce à des procédés presque mécaniques. Il enseigne une disposition en cinq parties, applicable à tous les discours ; il rédige des « lieux », arguments types qu'il suffit d'apprendre par cœur pour s'en servir dans les causes les plus diverses. Il élabore la théorie du vraisemblable ; par exemple, on montre qu'il est invraisemblable que la victime ait été tuée par un voleur, car on ne l'a pas dépouillée ; ni par un compagnon d'orgie, car les autres l'auraient vu, etc. ; puis, ayant éliminé tous les cas possibles, on en conclut que seul l'accusé peut être le coupable. La plupart des « lieux » d'Antiphon valent pour tous les procès, même à notre époque. Par exemple, pour l'exorde, dites que vous n'avez pas l'habitude ni le talent de la parole ; vantez l'expérience et l'habileté de votre adversaire ; rejetez sur lui la responsabilité du procès ; dites que vous parlez dans l'intérêt de tous ; célébrez l'équité des juges et leur sagesse.

Telle est la source judiciaire de la rhétorique. On peut en déceler une autre, que je nommerai littéraire. En 427, le rhéteur Gorgias vint de Sicile en ambassade à Athènes et prononça devant l'assemblée un discours qui enthousiasma à tel point les Athéniens qu'ils ne le laissèrent repartir que contre la promesse de revenir chez eux. Il revint en effet, et parcourut le monde grec pendant quarante ans, en donnant des leçons d'éloquence. Il vécut cent sept ans !

Gorgias se signale par deux créations, d'ailleurs corrélatives. Pour le fond, il introduit le discours « épidictique », morceau d'apparat destiné à l'éloge d'un mort, d'une cité, d'un dieu ; ces éloges se faisaient depuis longtemps, mais sous le mode de la poésie lyrique. Pour la forme, Gorgias crée une prose qui veut remplacer, précisément, la poésie lyrique et qui soit aussi savante, aussi rythmée, aussi belle qu'elle ; de là un système de symétries, de parallélismes, d'assonances, d'allitérations, de mots composés, de périphrases, de métaphores, et même une sorte de mètre qui rythme le discours. La prose « gorgianique » est vite devenue synonyme d'enflure. Mais peu importe ; à une époque où il n'existait que la langue parlée et la poésie, Gorgias a découvert un intermédiaire, ce que nous appelons aujourd'jui la « prose littéraire », et qui a prévalu d'emblée, non seulement dans le genre oratoire, mais en histoire, avec Thucydide, disciple de Gorgias. A Gorgias, nous devons l'idée que la prose aussi peut être belle.

Gorgias était aussi un sophiste, enseignant que tout est apparence. Et nous rencontrons ici la troisième source de la rhétorique, à savoir la philosophie ou, si l'on préfère, l'antiphilosophie.

Il s'agit de la sophistique, dont le fondateur, Protagoras d'Abdère, s'est imposé dans Athènes vers 450. Après les critiques de Platon et d'Aristote, le mot « sophiste » est devenu franchement péjoratif. Le sophiste est le maître dévoyé, qui enseigne qu'il n'y a pas de vérité en soi, qu'il n'y a que des opinions variant avec les individus ou avec les cités ; et que l'opinion la meilleure est celle qui assure la réussite. Ce relativisme servait de fondement théorique à la rhétorique d'alors, celle qui se targuait de « persuader qui tu voudras », de prouver n'importe quoi, de « faire de l'argument le plus faible le plus fort ». Ainsi, Platon fait-il dire à Gorgias :

> « Il m'est arrivé souvent d'accompagner mon frère ou d'autres médecins chez quelque malade qui refusait une drogue ou ne voulait pas se laisser opérer (...) Et, là où les exhortations du médecin restaient vaines, moi je persuadais le malade par le seul art de la rhétorique. » (*Gorgias*, 456 *b)*).

Et Gorgias ajoute qu'entre un médecin et un rhéteur c'est le second que l'assemblée du peuple élirait médecin s'il le voulait ! Remarquons que, si les médecins avaient une meilleure formation rhétorique, les rhéteurs auraient moins l'occasion de se mêler de médecine...

En tout cas, quel qu'ait été son enseignement philosophique, Protagoras fut un authentique enseignant. Jusqu'alors, les Grecs n'avaient d'autre formation intellectuelle que des rudiments de lecture, de calcul et de poésie. Protagoras est le premier à leur enseigner « la vertu et la sagesse qui font qu'on gouverne bien sa maison et sa cité » (*Ménon*, 91 *a*). Cet art du pouvoir, c'est par la parole qu'on l'acquiert. C'est pourquoi l'enseignement des sophistes, le premier enseignement secondaire, était fait surtout de leçons d'éloquence. Il comportait quatre méthodes :

1) Les lectures publiques de discours, que les élèves reproduisaient ensuite de mémoire aussi bien que possible.

2) Les séances d'improvisation sur n'importe quel thème.

3) La critique des poètes, Homère, Hésiode, etc.

4) **L'éristique,** ou art de la discussion, qui comportait elle-même :

a) la découverte des raisons, pour et contre ;
b) l'interrogatoire réglé, pour dominer l'adversaire ;
c) les « sophismes » : on prouvera que le noir peut être blanc, puisque l'Ethiopien est noir en ayant les dents blanches ;
d) les lieux.

Naturellement, ces méthodes n'avaient pas pour but de prouver le vrai ; au contraire, plus le résultat de la joute éristique était faux ou absurde, plus on admirait le sophiste. Reste que ce dernier apportait à ses élèves : un style ; des idées générales, par exemple sur le droit naturel et légal ; enfin une dialectique, ou technique générale de l'argumentation.

Dans le *who's who* des penseurs grecs, il est malaisé de savoir qui est rhéteur et qui sophiste. Mais, au début du IVe siècle, un homme va se proclamer antisophiste et enseignera pourtant la rhétorique, en la moralisant. Il s'agit d'Isocrate (436-338), disciple de Socrate et rival de Platon. De son maître, il retient que la mesure est la valeur suprême, pour la vie comme pour la parole ; car une vie non réglée et une parole incohérente sont deux aspects d'un même manque de mesure, provenant d'une carence dans l'éducation. Si comme les sophistes Isocrate professe un certain relativisme, il n'en est pas moins convaincu que l'art du discours est l'art propre à l'homme, ce qui le distingue de la bête ; affirmation que reprendra Quintilien : « L'éloquence comme la raison est la vertu de l'homme » (II, 20, 9). C'est donc par l'art du discours qu'on donnera aux jeunes une formation morale en leur apprenant la maîtrise d'eux-mêmes et le jugement personnel, en développant en eux ce qui les fait hommes. Pour lui, la parole convenable est signe d'une pensée juste (cf. Marrou, p. 145). Idée qui sera celle de tous les humanistes.

Isocrate fut un rhéteur, non un orateur, car le trac l'empêchait de parler en public ! Au nom de la mesure, il exclut toute poésie de la prose rhétorique. Celle-ci, selon lui, n'a droit qu'aux termes communs ; elle n'admet ni terme obscur, ni terme nouveau ; ses normes sont la clarté, la précision, la pureté. Il faut éviter les répétitions de mots ou de syllabes, de même que les hiatus, veiller à ce qu'une conjonction réponde à celle qui la précède (un « d'autre part » à un « d'une part »), bref, viser avant tout l'harmonie. Maintenant, tout antipoésie qu'elle soit, la prose est bien un art ; d'abord par le choix des termes les plus beaux, c'est-à-dire les plus expressifs et les plus harmonieux ; ensuite par l'équilibre de la période, avec des parties de longueur semblable, un début et une fin rythmés ; enfin par la musique, due à l'heureuse combinaison des voyelles et des consonnes, ce qu'on pourrait nommer l'euphonie rhétorique.

L'enseignement d'Isocrate, qui connut un succès immense, est profondément humaniste. Il rejette les procédés mécaniques, comme les lieux appris par cœur, au profit de l'exemple, de l'explication, de la participation des élèves à l'élaboration des discours. Il veut surtout faire appel à la réflexion. Pour lui, la rhétorique n'est pas l'apprentissage d'un métier ; elle est ce que nous appelons « culture générale », et qu'il nommait, lui, « philosophie ».

Or, c'est précisément contre cette prétention que s'insurge son grand rival. Pour Platon non seulement la rhétorique n'est pas une philosophie, mais elle n'est même pas ce qu'elle prétend être depuis le début : l'art du discours ! Le *Gorgias*, où Platon semble viser Isocrate, du moins au début, commence par définir la rhétorique comme l'art invincible de persuader n'importe quel public ; puis, il avance une justification qui est bien celle d'Isocrate ; si l'élève du rhéteur se sert de son pouvoir persuasif pour commettre l'injustice, le maître n'en est pas coupable, pas plus que le maître de gymnastique n'est coupable des violences que peut commettre son élève ; tout art peut être dévoyé. Mais justement, répond Platon, la rhétorique n'est pas un art, comme le sont la gymnastique ou la médecine ; elle n'est qu'une *tribè*, une routine aveugle au service de la flatterie ; son seul but étant de plaire, elle est à la philosophie politique ce que la cuisine est à la médecine ou la cosmétique à la gymnastique. Et la « toute-puissance » dont elle se targue n'est en fait qu'une impuissance, puisqu'elle n'est pas contrôlée par la raison. Il n'y a pas de rhétorique pervertie, il n'y a qu'une rhétorique perverse.

Certes, Platon est nettement plus nuancé dans d'autres dialogues. D'ailleurs son Socrate n'est-il pas lui-même le plus étonnant des rhéteurs ? Il reste que le platonisme a provoqué une cassure entre rhétorique et philosophie dont ni l'une ni l'autre ne se sont jamais remises tout à fait.

Aristote a pourtant cherché à réparer cette cassure, à réhabiliter la rhétorique sans nuire à la philosophie.

D'abord, il délimite le champ de la rhétorique, qui comprend à la fois le discours judiciaire, le discours politique et le discours épidictique. Surtout, il donne de la rhétorique une définition plus opératoire parce que plus modeste ; elle n'est plus « l'art de persuader qui tu voudras » mais l'art « de découvrir tout ce qu'un cas donné comporte de persuasif » (*Rhét.*, I, 1355 *b*) ; tout comme la médecine consiste, non à guérir à coup sûr, mais à donner au malade toutes ses chances de guérir. Bref, la rhétorique devient adulte ;

en renonçant à l'illusion infantile de la toute-puissance, elle découvre son vrai pouvoir.

Surtout, le mérite d'Aristote est d'avoir fait de la rhétorique un système, rassemblant dans une totalité cohérente les découvertes de ses prédécesseurs. La rhétorique comporte une étude logique, et non plus empirique, de l'argumentation, une psychologie des passions et des caractères, une stylistique, le tout repris dans une réflexion philosophique.

Et cette réflexion permet d'intégrer le système rhétorique au système des connaissances et de l'enseignement, autrement dit à la culture *(païdeia)*. Pour Aristote, il existe un niveau supérieur des savoirs, celui de la métaphysique et des sciences, qui porte sur le nécessaire et aboutit à des propositions indubitables. En dessous, le domaine de la dialectique, qui porte sur le probable — par exemple quelle est la meilleure constitution politique ? — et dont la méthode est l'argumentation contradictoire et la synthèse des opinions. En dessous encore, la rhétorique, dont l'objet n'est plus de trouver le vrai, nécessaire ou probable, mais de persuader un public donné en partant du vraisemblable. Mais, dira-t-on, pourquoi garder cette technique inférieure, indifférente au vrai et au juste ? Aristote répond (cf. I, 1355 *a*) : le vrai et le juste ayant plus de force naturelle que leurs contraires, c'est la faute des plaideurs si les verdicts sont iniques : « leur ignorance mérite le blâme » ; de plus, il faut être apte à persuader du contre comme du pour, non qu'ils soient équivalents, mais pour devancer l'argument de l'adversaire ; enfin, il est indigne d'un homme de ne pas savoir se défendre par la parole, l'arme propre à l'homme.

Chez Aristote, donc, les trois sources, judiciaire, littéraire et philosophique, de la rhétorique se combinent harmonieusement. De plus, si, chez les sophistes, la rhétorique dominait la philosophie, réduite au relativisme dont le rhéteur avait besoin, la philosophie d'Aristote domine la rhétorique et la remet, sans la détruire comme le voulait Platon, à sa vraie place.

II. — La rhétorique comme système

A partir d'Aristote, la rhétorique se trouve fixée ; les rhéteurs hellénistiques et latins, dont les plus connus sont Cicéron (106 à 43 avant J-C.) et Quintilien (30 à 100 après J-C.) ont enrichi le système sans le modifier. Et ce système a survécu à l'Antiquité jusqu'au XIXe siècle. Essayons d'en retracer les grandes lignes.

Les trois genres de discours. — Le champ de la rhétorique se répartit donc en trois genres de discours. Le premier est le **judiciaire,** dont la fin est d'accuser ou de défendre devant un tribunal ; son critère est le juste, son argumentation dominante l'enthymème. Le second est le genre **délibératif ;** sa fin est de conseiller les membres d'une assemblée politique ; son critère l'utile à la cité — faut-il augmenter les crédits de la marine ? — son argumentation dominante l'exemple. Le troisième est le genre **épidictique,** dont la finalité est l'éloge devant le grand public, le critère le beau, l'argumentation dominante l'amplification (cf. *Rhét.*, I, 1358 *b*).

Les deux premiers genres ont bien évidemment survécu à l'Antiquité. Mais qu'en est-il du genre épidictique ? Ce discours d'apparat, prononcé en éloge d'un défunt *(épitaphios)*, ou comme « panégyrique » d'un héros, d'une cité, d'un vainqueur olympique, d'un dieu, est-il seulement un discours rhétorique ? Car ce dernier est par essence persuasif et polémique. Dans l'épidictique, l'orateur est seul devant un public qui qui n'a rien de mieux à faire que de l'applaudir. Où sont la persuasion et la controverse, âme de la rhétorique ?

Notons pourtant que l'épidictique peut se servir de l'éloge pour « faire passer » un message incitatif. Ainsi, dans sa célèbre oraison funèbre aux morts de la guerre, rapportée par Thucydide (II, 35 suiv.), Périclès a pour objectif d'inciter les Athéniens à oublier leur deuil et à poursuivre le combat contre Sparte jusqu'à la victoire. Treize siècles plus tard, Léon Jouhaux fera de même sur la tombe de Jaurès (cf. *infra*, p. 90). De plus, l'épidictique joint le blâme à l'éloge et polémique souvent contre une opinion commune. Ainsi, Périclès démystifie l'opinion bien ancrée : si les Athéniens sont plus libres et plus civilisés, les Spartiates sont plus braves et mieux préparés à la guerre. Non, dit l'orateur :

> « Nous, nous fondons moins notre confiance sur les préparatifs et les ruses de guerre que sur notre propre courage au moment de l'action (...) Malgré notre vie sans contrainte, nous affrontons avec autant de vaillance qu'eux les mêmes dangers. »

Surtout, comme l'a bien montré Perelman (*TA*, § 11 et 12), l'épidictique, même s'il ne persuade pas dans l'immédiat, crée ou renforce une disposition permanente à agir, un consensus, une communion aux valeurs sociales. Ainsi, toujours chez Périclès, l'éloge splendide de la démocratie athénienne, qu'il conclut ainsi : « Athènes est l'école de la Grèce. » D'ailleurs, le procédé favori de l'épidictique, l'**amplification** *(auxèsis)*, est typiquement rhétorique. L'orateur expose des événements connus de tous ; son rôle propre est de les magnifier, de faire valoir « leur grandeur et leur beauté » (Aristote, *Rhét.*, I, 1368 *a*). Comment ? Par diverses figures, comme l'hyperbole, la répétition, la métaphore, la qualification : le téméraire devient courageux, le prodigue généreux, etc. (cf. 1367 *a ;* Cicéron, *Brutus*, 47).

Discours persuasif à long terme, l'épidictique a contribué à créer la conscience commune de la Grèce, au-delà des cités. Ainsi, aux jeux panhelléniques d'Olympie, Gorgias s'adresse non aux Athéniens ou aux Spartiates, mais aux *andrès hellènés*, aux hommes de la Grèce (*Rhét.*, 1414 *b*). Elément essentiel de la civilisation antique, l'épidictique n'est pas mort avec elle ; il s'est perpétué et même développé dans l'éloquence religieuse, comme l'avait bien montré au XVIIIe siècle, le théologien rhétoricien George Campbell (cf. p. 99 et 108).

Les quatre parties de la rhétorique. — L'autre élément fondamental du système est la division de la rhétorique en quatre parties. On entend par « parties » les phases par où passe nécessairement la genèse du discours. Nous les désignerons par leur terme technique, calqué du latin. Supposons un étudiant qui prépare un exposé. Sa première tâche est de comprendre le sujet, de rassembler ses connaissances et ses idées ; c'est l'« invention ». Sa seconde sera de les mettre en ordre, de faire un plan ; c'est la « disposition ». Sa troisième sera de rédiger l'exposé en lui donnant un style ; c'est l'« élocution ». Sa dernière tâche sera de s'exercer à le prononcer ; c'est l'« action ». Même si leur ordre n'est pas toujours respecté, les quatre phases sont toujours présentes. Ces « parties » deviendront également les quatre chapitres fondamentaux de l'enseignement de la rhétorique.

A) L'**invention** *(heurésis)* est la phase de la conception. Il faut trouver le thème essentiel et les arguments qui vont le servir. Pour Aristote, ces arguments sont de deux types, l'exemple et l'enthymème.

L'**exemple** *(paradeigma)* est un fait réel ou fictif qui permet l'induction et le raisonnement par analogie :

> « Denys aspire à la tyrannie, puisqu'il demande une garde ; autrefois, en effet, Pisistrate qui y aspirait en demandait une. » (*Rhét.*, I, 1357 *b*).

Ce genre de preuve, faible mais frappante, est appropriée au genre délibératif. Notons que l'exemple fictif — *comme le renard de la fable ; tel le fils prodigue* — n'est pas moins persuasif que le réel, au contraire !

L'**enthymème** est une déduction, une sorte de syllogisme « mou » ; car ses prémisses ne sont pas évidentes mais seulement vraisemblables. Il est approprié surtout au genre judiciaire, qui exige des arguments plus techniques. Il consiste à poser des prémisses vraisemblables pour les juges et à en tirer comme conclusion ce dont on veut les persuader.

Or, qu'est-ce qui caractérise le **vraisemblable** *(eikos)?* D'après R. Barthes (p. 204), il a deux aspects. Soit des énoncés comme : *Un père aime son fils ; un vol commis dans la maison sans effraction a dû l'être par un familier ;* ils sont à la fois probables, car ils se vérifient le plus souvent, et non nécessaires, car il peut exister des pères sans cœur et des voleurs comme Arsène Lupin. Ainsi, le vraisemblable permet-il d'argumenter aussi bien contre que pour :

> « Si un homme faible est poursuivi pour sévices, sa défense sera qu'il n'est pas vraisemblable qu'il soit coupable ; mais si l'inculpé (...) est un homme fort, sa défense sera qu'il n'est pas vraisemblable qu'il soit coupable, puisqu'il était vraisemblable qu'on le croie coupable. » (Aristote, *Rhét.*, I, 1402 *a* ; argument dit de Corax).

On le voit, la rhétorique est bien l'art de prouver le pour et le contre, ou du moins de donner ses chances à l'un comme à l'autre. La codification de cet art est la topique, ou étude des lieux, partie essentielle de l'invention.

Le **lieu** *(topos)* est un terme aussi usuel qu'ambigu. Selon nous, il peut désigner trois choses.

a) Le lieu est un argument type qui peut servir à tel moment de n'importe quel discours. Dans l'exorde, on s'excuse de son inhabileté à parler ; dans la péroraison, on met les juges en garde : si vous acquittez ce scélérat, beaucoup d'autres vont imiter son impudence. Un lieu propre à la plaidoirie moderne est *l'enfance malheureuse* de l'accusé ; au XVIIe siècle, cet argument était au contraire celui de l'accusation ; l'enfance malheureuse était non une excuse mais une présomption de culpabilité, l'indice d'une perversion intrinsèque (voir un exemple dans Kibedi Varga, p. 145). Mais, si le contenu des lieux varie avec les âges, il y a toujours des lieux.

b) Est lieu tout élément de preuve, tout ce dont on peut « tirer argument ». On distingue les lieux extrinsèques, c'est-à-dire les éléments objectifs de preuve, comme la jurisprudence, les témoignages, les aveux, les contrats, en un mot le dossier. Et les lieux intrinsèques, (en grec *entechnoi*, propres à la rhétorique) qui sont les preuves que l'orateur doit tirer de son art ; il ne dépend pas de lui que le dossier soit bon, mais c'est à lui de le faire valoir, d'en tirer parti au maximum. Dans les lieux intrinsèques, distinguons les « lieux propres », particuliers à un genre de discours, par exemple le judiciaire, comme *nul n'est censé ignorer la loi*, et les « lieux communs », ceux qui valent pour tous les genres de discours : *qui peut le plus peut le moins.* Ce lieu commun est vraisemblable, mais non toujours vrai ; le médecin peut-il toujours ce que peut l'infirmière, l'adulte peut-il toujours ce que peut l'enfant ? La publicité utilise un riche répertoire de lieux communs : jeunesse, fraîcheur, blancheur, virilité... ; en fait, ce sont des mots-phrases : « jeunesse » a pour sens : il faut rester — ou paraître — jeune.

c) Les lieux sont enfin des questions très générales qu'on peut poser dans n'importe quel cas, et qui permettent d'argumenter pour ou contre : « Les lieux sont les étiquettes des arguments sous lesquels on va chercher tout ce qu'il y a à dire dans l'un ou l'autre sens » (Cicéron, *Orator*, 46). Lieux communs : questions sur l'existence de la chose, sur sa possibilité, sur sa quantité. Lieux propres (au droit) : Le fait a-t-il existé ou non ? Comment le qualifier : assassinat, crime, meurtre involontaire, accident ? Comment l'évaluer : est-il permis, utile, excusable ? Ainsi, le lieu est un moyen d'amplification ; si l'accusé est dépensier, on dissertera sur la profusion (pour ou contre), s'il est avide sur la cupidité, etc.

Lamy, au XVIIe, affirme qu'on peut appliquer ces lieux communs à n'importe quel sujet : quel est le genre, la différence, la définition, le démembrement (analyse), l'étymologie, les conjugués (dérivés), la comparaison, l'incompatibilité, les effets, les causes ? Supposons qu'un étudiant ait à disserter sur « la culture » ; sans avoir rien lu, il pourra appliquer les lieux de Lamy. A quel genre appartient la culture : savoir, savoir-faire ? Quelle est sa différence : connaissances scientifiques, littéraires, « générales » ? Son étymologie : rapports avec l'agriculture, le culte ? Ses conjugués : cultivé, culturel, inculte, acculturation ? Ses incompatibilités : souci du résultat immédiat, spécialisation, fanatisme ? Ses effets : sur l'intelligence, la moralité, la créativité ? Ses causes : quel type d'éducation garantit la culture ?

Mais l'invention ne consiste pas seulement à trouver

des arguments ; il faut les rendre sensibles au cœur. Persuader, c'est à la fois déduire et séduire. Pour cela, une étude des caractères (éthos) et des passions (pathos) s'impose. L'**éthos** est le caractère que doit présenter l'orateur pour gagner son public ; ainsi, une campagne publicitaire commence par étudier sa « cible » : jeunes, ruraux, ménagères, troisième âge... ; mais dans tous les cas, l'orateur doit paraître sensé, sincère et sympathique ; le poids de ses arguments dépend beaucoup de la confiance qu'il inspire. Quant au **pathos,** c'est l'ensemble d'émotions que l'on doit susciter dans l'auditoire ; notamment l'indignation ou la pitié pour le judiciaire, la crainte ou l'espoir pour le délibératif, le mépris ou l'admiration pour l'épidictique.

Bref, le domaine de l'invention, qui va de l'argumentation jusqu'à la psychologie, est aussi vaste que la connaissance de l'homme. La rhétorique est sans doute à l'origine des sciences humaines.

B) La **disposition** *(taxis)* consiste à mettre en ordre les matériaux de l'invention. Les Anciens ont élaboré un plan type du discours judiciaire — ils ne s'occupent guère des deux autres sur ce point — dont nous mentionnerons les quatre parties fondamentales. Leur rôle se comprend à partir des trois fonctions du discours : *ut doceat, moveat, delectet* : instruire, émouvoir et plaire (Quintilien, III, 5, 2 ; cf. VI et Cicéron, *Brutus,* 185 et 188).

a) L'**exorde** *(prooimion)* a pour fin de rendre l'auditoire « attentif, bienveillant et docile » (apte à se laisser instruire) ; s'il doit annoncer le sujet, sa fonction principale est de plaire. L'absence d'exorde, fréquente dans le discours délibératif, l'attaque ex abrupto, est encore une manière d'exorde : *Jusques à quand, enfin, Catilina...*

b) La **narration** *(diégèsis)* qui suit est l'exposé des faits. Elle doit être claire, concise, c'est-à-dire sans rien d'inutile, et plausible, même et surtout quand elle est tendancieuse. Sa fonction première est d'instruire.

c) La **confirmation** *(pistis)* est le moment de la preuve et de la réfutation ; le problème ici est celui de l'ordre des arguments : faut-il commencer ou finir par les plus forts ? En tout cas, narration et confirmation ont pour rôle principal d'instruire. Elles sont suivies parfois d'une **digression** : récit, méditation, prosopopée, qui renforce la preuve par l'émotion.

d) La **péroraison** *(épilogos)* résume le discours et le termine par un appel, en général pathétique ; après le plaire et l'instruire, c'est le moment de l'émouvoir ; encore que chacune des trois fonctions puisse apparaître dans toutes les parties du discours, selon les besoins de la cause.

Notons le rôle capital de l'**amplification,** technique de persuasion empruntée au genre épidictique. Elle consiste à magnifier ou à rabaisser l'objet du discours, pour mieux persuader. D'abord, elle montre que ce dont on parle est important. Ensuite, elle « élève le débat », surtout dans la confirmation, en s'appuyant sur des lieux qui permettent de remonter de la « cause » à une « question » générale : la patrie, l'honneur, etc. Enfin, elle « passionne le débat », surtout dans la digression, en excitant la pitié ou l'indignation. L'amplification, comme le dit Quintilien, est le pouvoir spécifique de l'orateur (VIII, 3, 89) ; elle n'est ni un argument, ni une figure ; elle est l'âme de la rhétorique.

La disposition est donc un plan type. Certes, les orateurs ne l'ont pas toujours respecté ; mais alors, ils l'ont remplacé par un autre plan. Pourquoi ? Sans doute parce qu'il n'y a pas de discours cohérent et efficace sans une construction qui permette de tout dire sans se répéter et de progresser méthodiquement sans dévier.

C) **L'élocution** *(lexis)* est le style, ou mieux la « mise en style » du discours. Selon Cicéron, elle est le propre de l'orateur ; c'est là qu'il est irremplaçable (*Orator*, 61 ; cf. Quintilien, VIII, O, 16).

L'Antiquité distinguait trois styles. Le « noble » *(grave)* ; le « simple » *(tenue)*, sobre et précis ; le tempéré » *(medium)*, qui fait place à l'anecdote et à l'humour. Le vrai orateur est celui qui adopte chaque fois le style qui convient le mieux à la situation, le noble pour émouvoir, le simple pour instruire, le tempéré pour plaire (cf. *Orator*, 69, 100, 123 ; *De oratore*, I, 144 ; II, 37).

Le style consiste dans le choix des termes et dans leur ajustement *(compositio)*. Ses qualités découlent toutes, je dis bien toutes, de sa fonction. Ce sont la correction *(latinitas)*, sans laquelle l'orateur ne s'imposerait pas ; la clarté, sans laquelle le message serait perdu ; la convenance au sujet, sans saquelle le discours serait insignifiant ou boursouflé pour l'auditoire ; l'élégance, qui provient du choix des termes, des figures, de l'euphonie et du rythme. Mais l'élégance elle-même a sa fonction ; elle vise à plaire et à émouvoir.

Le style, selon Alain, est « la poésie dans la prose ». Il l'est en n'étant ni l'une ni l'autre. En évitant la banalité de la prose sans se perdre dans l'obscurité de la poésie. Ainsi la forte allégorie de Quintilien (X, 1, 29) ; à l'encontre des poètes, dit-il, « nous sommes des soldats et nous combattons pour les intérêts les plus élevés ». Donc, que nos armes « ne ternissent pas dans la saleté et la rouille » ; mais qu'elles ne brillent pas non plus comme l'or, inutile à la guerre : « qu'elles aient un éclat qui effraie, tel celui du fer ». Rhétorique, art fonctionnel...

D) L'**action** est le passage à l'acte, la prononciation du discours, avec les gestes et les mimiques appropriées. Sans elle, le discours le plus sublime ne passerait pas la rampe. C'est pourquoi Démosthène disait que la première qualité de l'orateur est l'action, la deuxième l'action, la troisième l'action... (*Brutus*, 142).

L'action se dit en grec *hypocrisis*, eh oui ! Sans être encore péjoratif, le terme indique bien que l'*orator* est un *actor*, qu'il doit « jouer » les passions pour les communiquer. S'il les éprouve lui-même, tant mieux. Et sinon ? Qu'il arrive à s'en pénétrer, dit Quintilien, par un travail d'imagination ; par exemple, qu'il « visualise » le crime pour se mettre en colère. De plus, chaque passion *(pathos)* a sa manière propre, son « code » :

> La colère exige un ton aigu, rapide, heurté ; la tristesse, souple, large, entrecoupé de sanglots ; la crainte, bas, hésitant, abattu ; la joie, sans contrainte, doux, tendre, sérieux, calme ; l'abattement, voilé, uniforme (d'après Cicéron, *De oratore*, III, 219 ; cf. Quintilien, XI, 3).

A ce code de la voix s'ajoutaient ceux, fort complexes, du visage, des mains, de tout le corps.

L'action est sans doute l'aspect le moins stable du discours, celui qui dépend le plus des époques et des cultures. Les orateurs anciens psalmodiaient, gesticulaient, sanglotaient à l'envi ! Plus près, les hommes politiques, qui galvanisaient les foules dans les années 30, paraissent aujourd'hui ridicules quand on les revoit à l'écran : des pantins vociférant et gesticulant derrière leur micro. La radio, puis la télévision ont transformé l'action. Mais certaines règles demeurent, comme la pose de la voix, la maîtrise du souffle. La diction est partie intégrante de la rhétorique.

Maintenant, qu'en est-il du discours improvisé ? Il semble bien renverser l'ordre, puisqu'on se lance dans l'action pour trouver, en parlant, son élocution, sa disposition, ses arguments. Mais l'improvisation s'apprend, comme le reste, et les meilleurs improvisateurs sont ceux qui possèdent à fond le système de la rhétorique. La **mémoire** *(memoria)*, partie que les derniers rhéteurs latins plaçaient entre l'élocution et l'action, permettait non seulement de retenir mais surtout d'improviser. Bref, c'est à force d'exercice qu'on acquiert la *firma facilitas* de Quintilien, « l'aisance naturelle » (X, 1,1, cf. X, 7 ; XI, 2 ; Cicéron, Brutus, 139).

III. — Décadence, renaissance, permanence

Ce bref exposé avait pour but de montrer que le système de la rhétorique antique n'a rien perdu de son utilité, ou mieux de sa nécessité. A titre de preuve, l'extraodinaire permanence de ce système dans la culture européenne. Nous nous bornerons ici à quelques remarques d'ordre historique.

D'abord, la fonction utilitaire de la rhétorique va s'éclipser quelque peu au profit de sa fonction esthétique, et l'art du discours persuasif devenir l'art du beau discours. Pourtant, il faut dénoncer ici deux « lieux communs », au moins bon sens du terme !

Le premier, dû à Tacite, est que l'art oratoire aurait disparu avec les libertés républicaines. En fait, le discours judiciaire est resté intact ; le discours épidictique a connu un nouvel essor avec la prédication chrétienne ; quant au discours délibératif, il s'est transporté du forum aux cours et aux ambassades, pour revenir de nos jours sur le vaste forum électronique des médias (cf. Todorof, p. 59).

L'autre lieu commun est développé dans le brillant article de G. Genette, « La rhétorique restreinte » ; il affirme qu'à partir du XVIe siècle la rhétorique s'est réduite à l'élocution, puis au seul inventaire des figures, puis à la métaphore ; de ses trois fonctions, instruire, émouvoir et plaire, elle ne garde plus que la dernière. Il suffit de se reporter à Campbell, et surtout à Kibedi Varga, pour constater qu'il n'en est rien ; jusqu'au début du XIXe siècle, on enseigne la rhétorique dans sa totalité ; non comme une simple stylistique, mais comme l'art de persuader.

Il est vrai que dans le monde hellénistique puis dans le monde byzantin est apparue une rhétorique purement littéraire, distincte de la poésie et faite de discours fictifs : éloges, complaintes, descriptions, épitres, etc. Même tendance à la fin du Moyen Age avec les « Grands Rhétoriqueurs » ; s'ils écrivent le plus souvent en vers, leur poésie est un véritable festival de figures : jeux de mots, allitérations, dérivations, rimes complexes, métaphores, allégories. Quoi qu'il en soit, on ne peut confondre l'histoire de la littérature avec celle de la rhétorique, qui n'en est qu'une partie.

En fait, depuis l'Antiquité jusqu'au XIXe siècle, la rhétorique assume une fonction essentielle, qui est pédagogique. Dès l'époque hellénistique, la « rhétorique » correspond non seulement à une matière enseignée, mais à tout un cycle d'enseignement, entre le cycle de la grammaire et celui de la dialectique, ou philosophie. La grammaire, destinée aux préadolescents, avait pour objectif l'étude de la langue, c'est-à-dire le latin et le grec, à partir des auteurs classiques ; on apprenait dans ceux-ci non seulement le vocabulaire et la syntaxe, mais aussi l'histoire, la géographie, la morale. La rhétorique, destinée aux adolescents, avait pour objectif de leur permettre de produire eux-mêmes des textes.

Henri Marrou (p. 292 et 412) a superbement décrit le contenu et les méthodes de cette rhétorique qui fut, selon lui, « l'enseignement-roi ». A partir de plans types et de tout un répertoire de lieux et de figures, les élèves s'exerçaient à composer à titres d'exercices *(chries)* des discours fictifs. Des descriptions. Des éloges : d'un personnage historique ou mythique. Des parallèles : comparer Achille à Hector. Des éthopées : plainte de Niobé devant le cadavre de ses enfants. Des thèses : « Faut-il ou non se marier ? » Des **suasoires,** ou discours politiques : celui des ambassadeurs d'Agamemnon auprès d'Achille. Des **controverses,** ou plaidoyers fictifs sur des causes imaginaires. Ainsi, on suppose qu'une loi permet à une femme séduite de choisir entre la condamnation à mort de son séducteur ou le mariage avec lui sans dot. Or, une même nuit, un homme fait violence à deux femmes ; l'une demande sa mort, l'autre choisit de l'épouser. L'élève doit imaginer les discours en faveur des différentes parties...

L'enseignement de la rhétorique va survivre à l'Antiquité. Rappelons son importance capitale dans la pédagogie des Jésuites, qui visait à former des professeurs, des prédicateurs, des missionnaires, ou simplement des laïcs « aptes à conférer ».

On a souvent critiqué le vain formalisme de cet enseignement rhétorique. Mais l'enseignement des mathématiques n'est-il pas tout aussi formaliste ? Le Moyen Age considérait la rhétorique comme l'un des « arts libéraux », un savoir désintéressé sans autre finalité que la formation humaine de l'élève. En fait, la rhétorique n'était ni vaine ni désintéressée. En enseignant l'art de comprendre et de se faire comprendre, d'argumenter, de construire, d'écrire et de parler, la rhétorique permettait d'évoluer avec aisance dans la société et de dominer par la parole. C'est à son école que se formaient les hauts fonctionnaires, les magistrats, les officiers, les diplomates, les dignitaires de l'église, en un mot, les cadres. La rhétorique assurait une formation libérale, c'est-à-dire une formation professionnelle à long terme. Ne l'assure-t-elle pas toujours, bien que sous d'autres formes, ou simplement sous d'autres noms ?

C'est au XIXe siècle que la rhétorique a connu son déclin, en apparence irrémédiable. On l'a progressivement rejetée, d'une part, au nom d'un positivisme épris d'objectivité, d'autre part, au nom d'un romantisme épris d'originalité ; « guerre à la rhétorique, paix à la syntaxe ! » s'écrie Victor Hugo, lui-même comme de juste notre plus grand rhéteur. En 1885, la rhétorique disparaît des programmes de l'enseignement français ; même si elle survit dans certains pays, elle n'est plus qu'une vieillerie.

Et soudain, dans les années 60, la rhétorique fait un retour en force. On se remet à l'étudier, on l'enrichit, on la prolonge, comme une discipline à la fois prestigieuse et dangereuse dont on ne peut pas ne pas tenir compte.

Curieusement, cette renaissance est due à des disciplines qui n'ont pas pour objet le discours, ni même le langage, et qui ont pourtant trouvé dans l'ancienne rhétorique un moyen d'interprétation de leur objet propre. La sémiologie cherche une rhétorique dans les choses en tant que les choses sont signifiantes ; notons en particulier la rhétorique de l'image, image publicitaire ou filmique, de Roland Barthes, Christian Metz et Umberto Ecco. La psychanalyse, elle, pose que, si l'inconscient se manifeste par des symboles, il est légitime de décrypter ceux-ci par les moyens de la rhétorique, de retrouver dans le rêve, ou les lapsus, les procédés du jeu de mots, de la métaphore, de la métonymie, etc. L'analyse musicale, quant à elle, renoue avec la rhétorique musicale de l'époque baroque ; si l'œuvre musicale est un « discours », elle obéit donc à des règles d'invention, notamment la peinture des passions ; de disposition ; d'élocution (l'ornementation) ; et d'action (l'exécution). Bref, c'est à partir de disciplines non linguistiques que la rhétorique est revenue au langage.

Dans ce domaine, le seul que nous puissions aborder ici, signalons deux grandes tendances. D'abord, la théorie de l'argumentation, inaugurée dès les années 50 par Perelman, qui redécouvre la grande rhétorique d'Aristote et de Quintilien, tout en s'intéressant plus aux arguments qu'au style et aux figures. A cette rhétorique de l'invention s'oppose la rhétorique littéraire, qui s'occupe uniquement de l'élocution et se réduit à une stylistique ; d'inspiration structuraliste, elle définit les figures par opposition (métaphore *vs* métonymie) et le style lui-même comme « écart » par rapport à un « degré zéro » qui serait la prose pure et simple ; bref, elle ramène la rhétorique à « la connaissance des procédés de langage caractéristiques de la littérature » (*Rhétorique générale*, p. 25). Faut-il choisir entre l'argumentation et la stylistique ? Faut-il les ajouter bout à bout ?

Nous adopterons quant à nous une troisième solution et chercherons l'essence de la rhétorique non pas dans le style, ni dans l'argumentation, mais dans la région précise de leur intersection. Autrement dit, relève pour nous de la rhétorique tout discours qui joint l'argumentation au style ; tout discours où les trois fonctions de plaire, d'instruire et d'émouvoir sont présentes ensemble et chacune par les autres ;

tout discours qui persuade par le plaisir et l'émotion en les soutenant par l'argumentation.

Ce lien entre le style et l'argumentation, on peut le montrer avec les figures, objet du chapitre suivant. Dans un discours proprement rhétorique, c'est-à-dire visant à persuader, la figure est rarement un ornement gratuit ; elle est, comme l'a si bien montré Perelman, un condensé ou un « précipité d'argument ».

Prenons un simple exemple, la **dérivation,** qui consiste à employer dans une même phrase deux ou plusieurs mots de même origine :

« La France aux Français ! » (slogan de Vichy).

« Il est temps que les travailleurs travaillent... » (De Gaulle).

On voit d'emblée que si la figure disparaissait, si l'on disait : « La France à ses citoyens », « Il faut que les ouvriers travaillent », l'expression serait bien moins convaincante. La dérivation suggère un lien logique entre l'essence (« travailleurs ») et sa manifestation (« travaillent »), ce qui est en soi un argument.

Autre exemple, le **chleuasme,** sorte d'auto-ironie, ou l'orateur feint de se dénigrer soi-même : « Moi qui n'ai pas votre vertu », « Je suis peut-être un imbécile mais... ». Le chleuasme est un procédé de l'éthos, une marque de modestie propre à gagner le public. Mais c'est aussi un aveu d'incompétence qui vous place au dessus des compétences, qui vous confère la « super-compétence » des simples, des innocents, des bons...

Inversement, on montrera au chapitre IV que l'argumentation n'est pas paraphrasable, autrement dit qu'elle perd de sa force traduite en d'autres mots et privée de ses figures.

Tout cela pour montrer l'unité profonde de la

rhétorique, qui n'est jamais simplement esthétique ni simplement argumentative, qui se situe toujours au croisement des deux. Ainsi délimité, le champ de la rhétorique reste immense. Il comprend, outre les trois genres de discours traditionnels, toutes les formes de propagande, écriture ou orale, et même la poésie en tant qu'elle vise à persuader.

CHAPITRE II

LES FIGURES

C'est la figure qui montre le mieux le joint, propre à la rhétorique, entre le style et l'argumentation. Il serait vain d'expliquer ce terme par l'étymologie et de penser à quelque visage. Les latins ont employé *figura* pour traduire le grec *schèma*, terme emprunté à la langue du sport ; la figure, c'est d'abord un mouvement type de l'athlète ou du danseur (1). Les figures rhétoriques sont des procédés stylistiques ; à ce titre, elles ont, comme les figures de ballet, deux caractères.

D'abord, elles sont libres, en ce sens qu'on n'est pas contraint d'y recourir pour s'exprimer. Ainsi distingue-t-on l'inversion grammaticale, qui est obligatoire, par exemple dans l'interrogation : « Que restait-il ? », de l'inversion rhétorique ou **hyperbate,** que permet la grammaire sans l'imposer :

« Restait cette redoutable infanterie de l'armée d'Espagne... »

D'ailleurs, si l'on voulait supprimer l'hyperbate, il faudrait allonger la phrase de Bossuet : *cette redoutable infanterie (...) restait* (encore sur le champ, etc.). La figure est donc aussi une ellipse.

Ensuite, elles sont codées ; chaque figure constitue une structure qu'on peut repérer et transférer à

(1) Cf. Isocrate, Antidosis, 183 ; Platon, Ion, 536 *c ;* Cicéron, Orator, 181, 228 ; Brutus, 69, 141 ; Quintilien, I, 8, 16. Pour un exposé plus complet des figures, on se reportera surtout à Fontanier et à Suhamy.

d'autres contenus : une métaphore, une hyperbole, une allégorie, etc.

Ces deux caractères sont antagonistes et pourtant nécessaires. Sans code, la figure serait incompréhensible. Sans liberté, elle ne serait plus un fait de style mais un fait de langue ; « l'aile » d'un avion n'est plus une métaphore, car on ne peut plus dire autrement ; c'est une catachrèse.

La figure n'est pas propre à la rhétorique ; on la trouve en poésie, en prose romanesque, sans parler de la langue courante. Et la rhétorique ne se réduit pas à l'art des figures, qui n'est qu'un élément de l'élocution. Il reste que la rhétorique recourt à la figure comme à un instrument de persuasion ; et c'est à son propos que Quintilien écrit : « Est nuisible tout ce qui n'est pas utile » (VIII, 6, 31). La publicité, qui emploie massivement les figures — rimes, métaphores, hyperboles, antithèses, allégories, etc. — la publicité est la preuve vivante que la figure n'est pas seulement esthétique, qu'elle peut avoir une fonction persuasive, et surtout que l'esthétique et le persuasif sont indissolublement liés.

Soit un exemple, celui de l'**apostrophe,** qui passe pour la figure poétique par excellence : *O, lac! rochers muets!...* (Lamartine). A l'origine, pourtant, l'apostrophe est une figure du discours judiciaire, qui consiste à « se tourner vers un autre que le juge » (Quintilien, IV, 1, 63), à interpeller l'accusé, ou un absent, ou les ancêtres... mais justement pour frapper le juge et mieux l'influencer. L'apostrophe est donc bien un procédé de persuasion.

Nous classerons ainsi les figures.

— Les figures de mots, qui concernent la matière sonore de la langue, comme la rime.

— Les figures de sens, ou tropes, comme la métaphore.

— Les figures de construction, comme l'inversion, qui concernent l'ordre de la phrase ou du discours.

— Les figures de pensée, comme l'ironie, qui concernent le rapport de l'énoncé avec son sujet, l'orateur, et avec son objet, le référent.

I. — Les figures de mots : « Traduttore, traditore »

Partons de la maxime italienne : *Traduttore, traditore;* elle est proprement intraduisible. Si je dis : traducteur, traître, je perds la répétition de syllabes (paronomase) qui fait sa force. La première caractéristique des figures de mots est qu'elles sont intraduisibles, à moins qu'on ne trouve par hasard leur équivalent dans une autre langue. Ainsi, la maxime des stoïciens : *anékhou kai apékhou,* se rend assez bien en latin par *sustine et abstine;* mais en français, la figure disparaît : supporte et abstiens-toi. Bref, dans le domaine des figures de mots, la maxime italienne sert non seulement d'exemple mais de règle : traduire, c'est trahir.

Les figures les plus expressives sont celles qui concernent le rythme de la phrase. Sans lui, dit Cicéron, le sens reste le même, non l'effet : « Cela suffit à l'esprit, non à l'oreille » (*Orator,* 214). Reste que le français, qui n'a pas d'accent tonique, et où les longues se distinguent mal des brèves, se prête moins au rythme que d'autres langues. De plus, pour être efficace, le rythme doit rester dissimulé. Victor Hugo exprime bien cette loi de toute rhétorique :

> Tout autant que les vers, certes, la prose a droit
> A la juste cadence, au rythme divin ; soit ;
> Pourvu que sans singer le mètre, la cadence
> S'y cache, et que le rythme austère s'y condense.
> (Aux écrivains, *Les quatre vents de l'esprit*).

Dans la prose oratoire, le rythme apparaît surtout avec les **formules,** sortes de noyaux durs à l'intérieur du discours. Ainsi, dans le « Sermon sur la mort » de Bossuet :

« Qu'est-ce que cent ans ? Qu'est-ce que mille ans, puisqu'un seul moment les efface ? » (4 + 4 + 8).

Il apparaît aussi dans la **clausule,** cellule rythmique, le plus souvent de cinq pieds, qui termine la période ; ainsi, toujours de Bossuet, sur le cadavre que nous serons tous :

« Il devient un je ne sais quoi qui n'a plus de nom dans aucune langue ; tant il est vrai que tout meurt en lui, jusqu'à ces termes funèbres par lesquels on exprimait/ses malheureux restes. »

Bien entendu, le rythme est beaucoup plus important dans les formules isolées, comme les slogans :

« Boire ou conduire, il faut choisir » (4 + 4).

Le rythme persuade parce qu'il facilite l'audition, le souvenir, et qu'il crée un sentiment d'évidence. Par là même, il tend à embrigader la pensée, à la « mettre au pas ».

Les figures qui suivent reposent également sur la répétition.

L'**allitération** est la répétition d'une même consonne. *La grogne, la rogne et la hargne,* disait de Gaulle pour fustiger l'opposition, le signifiant déplaisant *r-gn* se transférant sur le signifié (cf. « scrogneugneu »).

La **rime** est la répétition régulière d'une syllabe :

« Des crédits pour l'école, pas pour les monopoles ! » (6 + 6).

Elle n'est qu'un cas particulier de la **paronomase,** répétition d'une ou de plusieurs syllabes dans des mots différents : *La femme, boniche et potiche ; Défense nationale, dépense nationale, démence nationale.* La paronomase souligne aussi bien une opposition qu'un rapprochement ; ainsi, *honneur et bonheur* chez Corneille, *solitaire et solidaire* chez Auguste Comte.

Le **calembour** consiste à rapprocher deux mots, très semblables en apparence, mais de sens différent : La France *compte trente-six millions de sujets, sans compter les sujets de mécontentement* (H. Rochefort, *La Lanterne*, 30 mai 1868). Parfois, il suggère un rapprochement : *De deux mots, préfère le moindre*, disait Valéry en joignant le calembour à l'allusion. La force du calembour n'est pas de faire croire, mais de désarmer la pensée de l'adversaire.

L'**antanaclase** est une figure distincte du calembour. Soit l'exemple qu'en donnent tous les traités : *Le cœur a ses raisons que la raison ne connaît point*, (Pascal, p. 458). Où est la différence ? Alors que le calembour joue sur l'homonymie (*mots — maux*), l'antanaclase joue sur la polysémie, c'est-à-dire sur les sens un peu différents d'un même mot : *raison*, faculté de démontrer, *raisons*, motifs de croire. La formule de Pascal a donc une force argumentative réelle ; contre les libertins, qui refusent la religion parce qu'on ne peut la prouver par raisonnements, elle suggère que l'évidence n'est pas limitée au seul raisonnement. Bref, si le calembour est « désarmant », comme à un autre niveau l'ironie et l'humour, l'antanaclase, elle, a une force argumentative, réelle ou apparente, mais positive.

Sur l'antanaclase se fondent les pseudo-tautologies comme : *Une femme est une femme* ainsi que les **dérivations** (cf. p. 33).

Le propre des figures de mots n'est pas seulement d'accrocher l'attention et de marquer la mémoire. Elles persuadent par le sentiment d'une vraisemblance. En effet, elles semblent toutes déjouer le grand principe linguistique de l'arbitraire du signe. Autrement dit, tout se passe avec elles comme s'il existait une relation nécessaire entre les signifiants *(traduttore, traditore)* et les signifiés (qui traduit trahit) ; harmonie tout illusoire puisque, si elle était réelle, on devrait le retrouver dans toutes les langues. Toutefois cette harmonie contingente, qu'utilise le mot d'esprit aussi bien que la poésie, provoque en nous un sentiment de nécessité, l'idée que « ce n'est pas un hasard si... ». Et c'est pourquoi les figures de mots ont non seulement une force expressive mais un pouvoir de persuasion ; elles suggèrent que, si la matière des mots s'harmonise avec leur sens, il est vraisemblable — le « vraisemblable » de la rhétorique — que cette harmonie prouve quelque chose.

Sur les figures de mots se fonde l'**étymologie.** C'est le procédé, le « lieu » qui consiste à évoquer le sens ancien d'un mot pour déterminer son sens actuel et en tirer argument. Exemple : l'étymologie d'« étymologie » ; le terme vient de deux mots grecs, dont l'un, *étymon,* signifie authentique, et l'autre, *logia,* parole (c'est le « logie » de philologie et non celui d'ethnologie) ; l'étymologie serait « donc » le sens authentique, non adultéré par l'usage.

Certes, il faut distinguer l'histoire des mots, ou des langues, de l'étymologie comme procédé rhétorique. Cette dernière s'embarrasse assez peu d'histoire et se contente souvent de filiation fantaisiste. Rappelons celle de Claudel, qui voyait dans « connaître » le verbe « naître » et le préfixe « cum » (avec) :

> « Nous ne naissons pas seuls. Naître, pour tout, c'est co-naître. Toute naissance est une connaissance. » *(Art poétique).*

La fausse étymologie n'est qu'un calembour à prétention savante. Mais la vraie, la sérieuse n'est pas moins rhétorique. Elle repose en effet sur des principes illusoires. Il existerait un sens « originaire », et par là même « authentique », bref, le mythe de « l'âge d'or de la langue ». De plus, le mot serait une unité stable, qui aurait un sens par lui-même et qui se maintiendrait dans les diverses « synchronies », c'est-à-dire les divers états successifs de la langue. De même, les composantes du mot, par exemple les préfixes, garderaient leur sens dans le composé : le *ex* d'« existence » voudrait toujours dire hors de. Enfin, suprême illusion, le sens « originaire » serait latent dans « l'inconscient linguistique » ; si c'était vrai, le Français devrait sentir, en réfléchissant qu'*échec*, qui vient de l'arabe, n'a rien à voir avec *échouer*, qui vient du latin, que le *bus* de troleybus est un datif latin, que *douane* et *divan* sont le même mot, puisqu'ils viennent d'un même mot persan !

Néanmoins, l'étymologie reste un lieu rhétorique enseigné depuis l'Antiquité comme une fleur de la culture. Les meilleurs auteurs y recourent à titre de preuve :

« Il n'y a point du tout de pensée sans culture, et non plus sans culte, car c'est le même mot » (Alain, *Histoire de mes pensées*).

Certes, Alain a le droit de rapprocher « culte » et « culture », mais non de dire que c'est le *même* mot, surtout en français ; de plus, si cette parenté n'était pas un hasard, on devrait la trouver dans d'autres langues, par exemple avec l'allemand *Bildung*. Roland Barthes, lui, part de l'étymologie pour faire de la culture un phénomène de classe ; le mot « classique » signifiant en latin archaïque membre de la classe supérieure, Barthes en conclut :

« Classique veut donc dire étymologiquement : qui appartient au « gratin » social (richesse et puissance) » (p. 184).

On voit ici l'étymologie au service d'une doctrine. En fait, un mot « veut dire » quelque chose dans une langue donnée ; il ne veut rien dire « étymologiquement ». Mais le recours à l'étymologie confère à son auteur le prestige de la science ; il détient, lui, le sens « réel » des mots ; les autres, eux, ne savent pas ce qu'ils disent et n'ont qu'à se taire.

Comme toutes les figures de mots, l'étymologie peut être poétique, suggestive et stimulante, mais pas plus qu'un calembour elle n'a valeur de preuve. Elle n'est qu'un procédé rhétorique parmi d'autres et elle n'est rien d'autre. (Sur l'étymologie, cf. Charles Bally, *Traité de stylistique française*, Klincksieck, 1951, 2 vol. et les articles de Zumthor et d'Etiemble dans l'*Encyclopaedia universalis*, t. 6.)

II. — Les figures de sens : entre l'énigme et le cliché

A l'encontre des figures de mots, les figures de sens ne dépendent pas du matériel phonique de la langue et sont, du moins en principe, traduisibles. Exemple, la métaphore *Homo homini lupus* se traduit sans peine par *L'homme est un loup pour l'homme.* Encore faut-il que les termes aient la même connotation dans les deux langues. Ainsi, le slogan d'Esso dans les années 60 : *Mettez un tigre dans votre moteur*, est une traduction inexacte de l'américain *Put a tiger into your tank*, où *tiger* désigne bien le tigre, mais avec la connotation d'animal noble, non d'animal agressif et cruel.

Les figures de sens, ou tropes, consistent donc à employer un terme avec une signification qu'il n'a pas habituellement, ce qui provoque ainsi une tension, une « torsion » (Ricœur) dans l'ensemble du discours. Néanmoins, les tropes peuvent avoir deux fonctions. Une fonction proprement rhétorique, d'expression et de persuasion. Une fonction lexicale, qui consiste à désigner par un mot détourné de son sens propre ce qui n'a pas de mot propre pour le désigner. Par exemple, « trombone » au sens propre désigne un instrument à vent ; au sens figuré, le musicien qui en joue : « un trombone » (métonymie) ; enfin, dans le sens d'agrafe à papier, c'est encore un trope (par métaphore), mais ce n'est plus une figure ; en effet, nous n'avons plus la liberté, cette liberté qui constitue la figure, de remplacer « trombone » par un terme propre, puisqu'il n'y en a pas ! De plus, nous n'avons pas nécessairement conscience de l'origine métaphorique du terme, lequel ne provoque donc aucune torsion avec le contexte. Cette lexicalisation des tropes, que l'on nomme **catachrèse,** est très fréquente ; par elle, la langue comble ses lacunes. En fait, toutes les figures de sens peuvent être, un jour ou l'autre, lexicalisées et devenir catachrèses ; il suffit que la langue en ait besoin. La lexicalisation est le trait distinctif des figures de sens.

Les tropes fondamentaux, ceux dont dérivent tous les autres, sont la métonymie, la synecdoque et la métaphore.

La **métonymie** consiste à désigner un objet (le tromboniste) par le nom d'un autre objet (« trombone »), les deux ayant entre eux un lien habituel qui permet donc à l'un d'évoquer l'autre et qui donne ainsi un sens au message. C'est selon la nature du lien habituel qu'on distingue les différents types de métonymie.

Lien de causalité : métonymies de la cause, de l'effet, de l'instrument, de l'organe : *C'est un cerveau.* Lien de contiguïté ; métonymies du contenant : *prendre un verre,* du vêtement : *la toge ;* du lieu : *un foyer.* Lien de symbolisme : *La croix et le croissant ; Allez les verts !* On voit que la conguïté n'est qu'un cas particulier de métonymie.

La métonymie se lexicalise très facilement ; ainsi *foyer*, pour résidence familiale, est entré dans le langage officiel. Elle est souvent la figure qui ravale, dénigre, ironise. Ainsi, le mot de Catherine II sur la Révolution française : *Tout cela finira par un sabre.* Mais la métonymie peut être profondément poétique. Elle joue en tout cas un rôle capital dans la genèse des symboles. Car le symbole : le drapeau, la croix, le voile, évoque une réalité parce qu'il est intégré à la même totalité culturelle qu'elle ; et c'est cette culture qui établit le lien. Si la culture change, le symbole se perd ; ainsi, le voile n'évoque plus guère pour nous les religieuses. On se demande d'ailleurs si le lien symbolique n'est pas le ressort de toutes les métonymies, car c'est bien par un choix culturel qu'on adopte tel lieu, tel organe, tel vêtement plutôt que tel autre ; *on prend un verre* dans certains milieux, dans d'autres *on prend un pot.*

D'où vient la force persuasive de la métonymie ? De ce qu'elle s'appuie sur de solides habitudes culturelles, sur des symboles qui font d'elle la figure de la familiarité.

La **synecdoque** s'en distingue du fait que les objets sont entre eux dans un rapport de nécessité. Dire *foyer* pour famille est une métonymie ; dire *cent têtes* pour cent personnes est une synecdoque, car la tête appartient nécessairement à la personne. La synecdoque peut signifier le tout par la partie : *tête*, ou encore le genre par l'espèce : *L'épi sauvera le franc*, pour l'agriculture sauvera la monnaie ; inversement, *mortel* pour homme signifie l'espèce par le genre.

L'**antonomase** est une synecdoque qui désigne l'espèce par le nom d'un individu représentatif : *Staline* pour les staliniens ou pour le stalinisme. Si certains historiens prétendent que Staline fut le produit du stalinisme, l'antonomase prend le parti contraire et va dans le sens de la mentalité populaire ; elle personnifie et fait porter à l'individu la gloire ou la honte de tout un système.

Si, comme certains, on réduit la synecdoque à la métonymie, on ne comprend plus sa fonction. Comme le dit Fontanier, la métonymie joue sur le rapport habituel entre deux objets qui pourraient exister l'un sans l'autre : il y a des familles sans foyers, et *vice versa.* Tandis que dans la synecdoque, l'un des deux objets au moins ne peut exister sans l'autre : il n'y a pas d'homme sans tête, ni d'homme qui ne soit pas mortel. Là réside son pouvoir rhétorique.

Ce pouvoir de la synecdoque est celui de la généralisation. Ainsi est-elle à la racine de bien des stéréotypes : *le flegme britannique...* De même permet-elle à tel groupe de s'attribuer une vocation universelle : *le parti des travailleurs.* Mais la synecdoque a aussi une fonction didactique ; elle permet ce procédé privilégié qu'est l'exemple : en parlant de ce triangle, je parle du triangle, de ce fémur du fémur, de ce sonnet du sonnet. Si la synecdoque n'était qu'une métonymie, la généralisation serait inconcevable.

Dans la **métaphore,** le transfert des termes se fonde sur la ressemblance entre leurs signifiés : *L'homme est un loup pour l'homme.* A quoi en effet reconnaît-t-on une métaphore ? A ceci qu'on peut insérer dans la phrase une expression comme « pareil à », « semblable à », « comme », sans en changer le sens : l'homme est comme un loup pour l'homme. La métaphore exprime une réalité par le nom d'une autre qui lui ressemble et qui est en général plus concrète, plus sensible, plus immédiate : *loup,* pour ennemi féroce et sans pitié.

On a souvent dit que la métaphore est une comparaison abrégée. En fait, on peut distinguer quatre niveaux :

a) La comparaison vraie : *Cette chanteuse a une voix mélodieuse comme celle d'un rossignol* (c'est en fait une analogie).

b) Le **similé,** ou comparaison abrégée qui ne donne pas ses raisons : *Cette chanteuse chante comme un rossignol* (c'est l'*eikôn* d'Aristote ; cf. *Rhé.*, III, 1406 *b* et Campbell, p. 75).

c) La métaphore **in praesentia** : *Cette chanteuse est un rossignol.* Ici, le terme de comparaison, *comme*, disparaît, ce qui suggère une identité.

d) La métaphore **in absentia,** ou le comparé lui-même disparaît : *Ce rossignol,* pour cette chanteuse.

Quand le similé est par trop insolite, on ne peut le condenser en métaphore : *Elle est belle comme un camion* ne peut s'abréger en *Elle est un camion !*

Autrement dit, pour comprendre une métaphore, il faut saisir la ressemblance. Or, qu'est-ce que la ressemblance ? Nous sommes ici en présence d'un des problèmes philosophiques les plus obscurs.

On définit en général la ressemblance comme l'identité dans la différence ; deux individus se ressemblent parce qu'ils ont « les mêmes yeux », le reste étant différent. On retrouve cette réduction en rhétorique avec la thèse qui ramène la métaphore à une « double synecdoque ». Dire : *Cette chanteuse est un rossignol,* serait, par une synecdoque particularisante, ramener la chanteuse à sa voix mélodieuse et, par une synecdoque généralisante, désigner par cette voix mélodieuse le rossignol ; en supprimant le terme commun, voix mélodieuse, on aboutirait à la métaphore : cette chanteuse *est* un rossignol.

Cette théorie ingénieuse n'en est pas moins réductrice. La ressemblance n'a rien à voir, en effet, avec une identité partielle. Elle est une relation globale.

Deux individus qui se ressemblent peuvent très bien n'avoir pas les « mêmes » yeux, ni rien d'identique. Et la cantatrice n'a pas la « même » voix que le rossignol, tout au plus une voix qui ressemble à la sienne. Analysez la ressemblance aussi loin que vous voudrez, vous n'y trouverez que des ressemblances.

On répondra que la ressemblance s'explique par une identité non de parties mais de structures ou de rapports, bref par une analogie. Par exemple la belle métaphore qu'analyse Aristote (*Poétique*, 1457 *b*) : *Le soir de la vie*, pour la vieillesse. En effet, la vieillesse est à la vie ce que le soir est à la journée. On peut donc permuter les termes comme dans une analogie mathématique : $a/b = c/d$; d'où $ad = bc$; de même, on peut dire *soir de la vie* ou *vieillesse du jour*. Reste qu'en mathématique on a bien une identité de rapports, alors qu'en rhétorique ce n'est pas le cas ; la vieillesse n'est pas exactement à la vie ce que le soir est à la journée ; sa longueur est imprévisible, elle n'a pas de lendemain, etc. Dans la ressemblance, les rapports ne sont pas identiques, mais... semblables. Bref, si loin qu'on pousse l'analyse de la ressemblance, on n'y trouve jamais que la ressemblance.

La ressemblance est donc un sentiment global. Mais d'où nous vient-il ? Le plus souvent, de ce que nous l'avons appris. Je comprends *Cet homme est un loup*, ou *un renard*, ou *une hyène*, non pour avoir observé ces animaux, mais grâce à des stéréotypes inculqués dès l'enfance. Et les stéréotypes varient avec les cultures ; chez bien des peuples d'Afrique noire, la *vache* signifie la beauté féminine, l'*oiseau* la pensée, la *tortue* la ruse, etc. Il en va de même d'ailleurs pour la métonymie. Pour les Romains, la *rate* est l'organe du rire, alors que, chez les Anglais, la *rate*, *spleen*, donne son nom à la mélancolie.

Finalement, comment « décode-t-on » une métaphore ? Selon Aristote, celle-ci doit avoir trois qualités : la clarté, le charme, la rareté (*Rhét.*, III, 1405 *a*). Sans la clarté, c'est-à-dire d'après nous le respect des stéréotypes, elle risque d'être incomprise ; sans la rareté, elle n'est qu'un cliché sans force expressive. Le charme de la métaphore est la subtile alliance des deux, le fait d'être en présence d'une ressemblance inédite et pourtant de la comprendre. Ce charme est « le plaisir d'apprendre », dit Aristote : le plaisir de l'énigme résolue.

Et là est aussi son pouvoir persuasif. Elle nous révèle, sans pourtant nous dérouter, des ressemblances inédites et, par là même, elle nous éclaire, nous charme et nous émeut ; à condition que le « semblable » reste « vraisemblable ».

Pouvoir de la métaphore : pouvoir de nommer, de créer par ressemblance une vraisemblance qui n'existerait pas sans elle. Quand Périclès (*Rhét.*, III, 1411 *a*) disait des jeunes tombés à la guerre : *C'est comme si l'on avait privé l'année de son printemps*, nous éprouvons un sentiment de nouveauté, et pourtant d'évidence : on ne pouvait pas le dire autrement.

Les tropes complexes sont ceux qui se construisent à partir des tropes fondamentaux et peuvent se décomposer en plusieurs figures. Ainsi, *Mettez un tigre...* est une hyperbole, à savoir une métaphore plus une exagération.

L'**hyperbole,** donc, est une amplification condensée en trope. Elle substitue au signifiant attendu un signifiant qui en dit trop par rapport au contexte, soit par métaphore, comme notre *tigre*, soit par synecdoque, comme dans : *J'ai mille choses à vous dire.* Comme l'hyperbole se lexicalise facilement : *Je suis mort ; il est fou*, elle est bien un trope et non une figure de pensée. D'ailleurs, l'exagération de l'hyperbole est toujours perceptible du fait de la « torsion » entre le signifiant et le contexte. Si je dis : *Il est mort*, c'est une vérité, ou un mensonge. Si je dis : *Je suis mort* (de faim, de fatigue ou de rire...), ce ne peut être qu'une hyperbole. La simple exagération se décèle par la situation ; vous me dites que cet objet vaut mille dollars, alors que je sais qu'il en vaut cinq cents. L'hyperbole, elle, se décèle par le contexte : *J'ai mille choses à vous dire ;* là, je n'ai pas besoin de calculer...

Il est de mise de considérer l'hyperbole comme une figure assez vulgaire, celle des camelots, ou de la publicité des temps héroïques : *Enfoncez-vous bien cela dans la tête !* Mais ces exemples nous masquent la véritable portée de l'hyperbole. L'exagération des signifiants est là pour signifier... une certaine impossibilité de signifier. Ainsi, celle de l'accusateur, citée par Quintilien (VIII, 4, 7) :

> « C'est ta mère que tu as tuée. Que dire de plus ? C'est ta mère que tu as tuée. »

Quid dicam amplius : l'hyperbole signifie que ce que j'ai à dire est au delà des mots, qu'un terme usé, banal, ne peut pas exprimer mon indignation, ma douleur, ma joie, mon amour, mon moi. La sincérité en a donc autant besoin que le mensonge. Le « trop » de l'hyperbole ne prétend pas exprimer la réalité, mais notre impuissance à exprimer la réalité telle que nous la sentons : c'est trop scandaleux, trop triste, trop beau. Même si elle nous parle du réel, c'est pour nous dire que le réel est au delà de la parole. Bref, en soulignant l'écart entre le langage et celui qui parle, l'hyperbole résume toutes les autres figures et nous révèle leur fonction : exprimer « ce que les mots ne peuvent pas dire ».

Mentionnons brièvement d'autres tropes complexes.

La **litote** est le contraire de l'hyperbole : *des bavures policières ; quelques remous dans l'assistance.*

L'**hypallage** est un déplacement d'attribution : *la liberté des prix*, pour celle des commerçants. L'**énallage** est un déplacement grammatical : *on* pour nous, d'ailleurs lexicalisé en français parlé ; ou encore l'adjectif employé comme adverbe : *Penser français.*

L'**oxymore,** enfin, est le plus hardi des tropes ; elle consiste à associer des termes incompatibles (cf. Cohen, 1970). Ainsi, dans *Le Cid* : *Cette obscure clarté qui tombe des étoiles ;* ou chez Nerval : *Le soleil noir de la mélancolie.* Foncièrement poétique, l'oxymore peut pourtant se lexicaliser : *Il est bien mal parti ;* ou : *Es ist ja nicht...* Elle devient cliché dans le vocabulaire politique : *parti unique ; meurtre juridique.* Elle peut porter un message philosophique : *L'œil écoute*, de Claudel. Ironique : *Tous les animaux sont égaux, mais certains sont plus égaux que d'autres* (Orwell). Humoristique : *Le tact, c'est de savoir jusqu'où on peut aller trop loin* (Cocteau) ; *on peut aller* est en effet incompatible avec *trop loin ;* mais, ici encore, la figure exprime ce qui est au-delà de toute expression : la règle de l'esprit par opposition aux règles de l'usage. *Jusqu'où on peut aller trop loin* : n'est-ce pas aussi la définition même des figures rhétoriques ?

Toutes ces figures sont des tropes, donc. Leur pouvoir rhétorique est avant tout celui de nommer. Car nommer, c'est d'une certaine manière prendre possession de ce qu'on nomme. Ainsi, la superbe périphrase de Bossuet sur le cadavre : *Il devient un je ne sais quoi qui n'a plus de nom dans aucune langue*, nous inculque le sentiment de notre néant ; elle se substitue à un signifiant inexistant *(plus de nom)* pour faire ressortir l'inexistence de la chose, autrement dit de nous.

Nommer est un pouvoir, donc. Mais à condition de rester dans le vraisemblable. Et c'est cette condition qui distingue la rhétorique de la poésie, qui, elle, n'a pas à persuader et peut donc être « rare » sans être « claire ». En rhétorique, il faut les deux. Et la figure de sens n'est jamais qu'un compromis heureux mais précaire entre l'énigme et le cliché, l'énigme qui transgresse le code culturel et le cliché qui s'y intègre si bien qu'il ne nous interpelle plus, sinon pour nous faire rire. La figure de sens n'est-elle pas vouée, comme le sphynx de Thèbes, à tuer ou à mourir ?

III. — Les figures de construction

Les figures suivantes portent sur la syntaxe et, de façon moins précise, sur la construction du discours. Certaines procèdent par soustraction de signifiants, d'autres par addition, d'autres par permutation.

L'**ellipse** est par excellence la figure de la soustraction. Elle est l'âme des proverbes, des maximes, des slogans, dont la force persuasive vient, entre autres, de ce que l'énoncé se borne au minimum de signifiants nécessaire à son intelligence : *Bien faire et laisser braire ; acheter français.* Ici, compléter serait affaiblir.

L'asyndète est une ellipse portant sur les termes de liaison, comme et, or, donc, cependant. Ainsi, ces propos de Diderot sur Voltaire (*in* Suhamy, p. 106) : *C'est un sublime ouvrage que « Mahomet ». J'aimerais mieux avoir réhabilité la mémoire de Calas.* S'il avait écrit : pourtant, j'aimerais encore mieux..., l'effet de surprise eût été perdu. L'asyndète, de plus, est pédagogique ; en forçant le destinataire à faire lui-même une partie du travail, à rétablir les liens manquants, elle le met dans le coup et le fait entrer dans le jeu du persuadeur.

La **réticence** consiste à interrompre la phrase pour laisser au destinataire le loisir de la compléter, donc ici encore à le mettre dans le coup. C'est le procédé de tous les slogans du type *lave plus blanc, c'est plus sûr;* à l'auditeur de compléter. La réticence est la figure favorite de la médisance, de la haine, de la grivoiserie. Mais aussi de la pudeur, de l'admiration, de l'amour.

L'addition de signifiants se remarque avant tout dans la **répétition** (ou épanalepse). Il ne faut pas la confondre avec l'antanaclase, qui reproduit le même mot avec des sens différents (*sujet, sujets*), ni avec la périssologie, qui reproduit le même signifié avec des signifiants différents : *en mon âme et conscience.* La répétition reproduit les mêmes signifiants avec le même sens. D'où le problème : quelle peut bien être son utilité ?

Car la prose, en vertu du principe d'économie, répugne à la répétition. Et la prose rhétorique plus encore, du fait de ses contraintes spécifiques ; le temps de l'orateur est en général limité, de même que l'« espace » de l'annonceur publicitaire. Si donc il y a répétition, il faut qu'il existe une raison assez forte pour suspendre la règle sacro-sainte de l'économie. Or, cette raison est au fond la même que pour l'ellipse ; loin de gaspiller les signifiants, la répétition apporte une information qui manquerait sans elle. La répétition fait sens. Ainsi, dans ces vers de Ronsard :

> Le temps s'en va, le temps s'en va, Madame
> Las ! Le temps non, mais nous nous en allons...

Le sens du mot *temps* eût-il été exactement le même sans la répétition ? De même la phrase :

Lucullus dîne chez lui en dit moins, beaucoup moins, que *Lucullus dîne chez Luculus.*

Le sens qu'apporte la répétition est souvent d'ordre connotatif. Ainsi, chez de Gaulle, dans l'Appel du 18 juin 1940, à la BBC :

« Car la France n'est pas seule ! Elle n'est pas seule ! Elle n'est pas seule ! »

On dira qu'il répète pour faire pression, pour « enfoncer le clou ». Il semble qu'il s'agit d'une raison bien plus profonde, qui est de l'ordre du « pathos » ; de Gaulle exprime son émotion intense ; sa voix est celle de la sincérité passionnée. Il s'attaque par avance aux deux slogans les plus forts de la propagande pétainiste : la France vaincue et la France seule. Il faut donc qu'il s'engage tout entier.

Maintenant, la répétition peut avoir aussi pour fonction de faire ressortir une différence. Supposons un message de ce type : AAABA, AAACA, AAADA, AAAEA... La suite des *A* marque l'unique élément variable, le quatrième. De même dans cette autre formule de de Gaulle, d'août 1940 :

« La France a perdu une bataille ! Mais la France n'a pas perdu la guerre ! »

L'identité des deux phrases (dans son brouillon, il avait écrit *la bataille*) fait ressortir l'opposition bataille-guerre en l'amplifiant.

C'est pourquoi l'**antithèse** est bien une figure de répétition. Il s'agit évidemment de l'antithèse réthorique, différente de l'antithèse philosophique qui, elle, ne doit rien au langage et n'est donc pas une figure. L'antithèse rhétorique est une opposition fondée sur la répétition, soit de mots, soit de syllabes, soit de rythmes (cf. Aristote, *Rhét.*, III, 1410 *a* ; Cicéron, *Orator*, 166). D'après Fontanier, il y a deux sortes d'antithèses rhétoriques.

La première « oppose deux objets l'un à l'autre en les considérant sous un rapport commun ». Ainsi, dans l'Appel du 18 juin 40 :

« Foudroyés aujourd'hui par la force mécanique, nous pourrons vaincre dans l'avenir par une force mécanique supérieure. »

l'opposition entre la défaite présente et la victoire à venir est amplifiée par la répétition de *force mécanique.*

La seconde sorte d'antithèse « oppose un objet à lui-même en le considérant sous des rapports contraires » :

« La seule chose qui nous console de nos misères est le divertissement, et cependant c'est la plus grande de nos misères. »

Cette maxime de Pascal (n° 171) amplifie, par la répétition, l'opposition entre les misères apparentes de l'homme et sa misère réelle.

Reste les figures qui concernent l'ordre même du discours. Outre l'hyperbate (cf. *supra*, p. 35), mentionnons l'**anacoluthe,** qui est une rupture de construction syntaxique :

« Le nez de Cléopâtre, s'il eût été plus court, toute la face de la terre en eût été changée (Pascal, n° 162).

La **gradation** consiste à disposer les mots par ordre croissant de longueur ou d'importance. Ainsi Pascal disant de Jésus, dans son *Mémorial* (p. 142) :

« Je m'en suis séparé ; je l'ai fui, renoncé, crucifié. »

Le **chiasme,** enfin, combine l'antithèse et l'inversion. C'est une figure de répétition qui crée une opposition en renversant l'ordre des termes répétés. Ainsi Pascal, sur l'homme :

« S'il se vante, je l'abaisse ; s'il s'abaisse, je le vante ; et je le contredis toujours jusqu'à ce qu'il comprenne qu'il est un monstre incompréhensible » (n° 420).

Le chiasme est sans doute la figure favorite de Karl Marx. Il peut lui servir à dénigrer ; ainsi le titre du pamphlet en réponse à *La philosophie de la misère* de Proudhon : *Philosophie de la misère ou misère de la philosophie ?* Mais le chiasme peut servir à mettre en évidence une relation profonde ; ainsi celui de Marx sur la liberté d'expression, sans laquelle on n'a plus qu'*un duel entre des principes sans pouvoir et un pouvoir sans principes.* Ici, la rhétorique est vraiment au service de la pensée.

Enfin, le **zeugme** (du grec zeugma) consiste à lier de façon insolite deux termes à un troisième qui prend ainsi un sens ambigu. Hugo décrit les soldats de l'an deux :

« l'âme sans épouvante / et les pieds sans souliers! ».
(« Sans » a à la fois un sens abstrait et un sens concret).

IV. — Les figures de pensée

Qu'est-ce qui caractérise alors les figures de pensée ? D'après les Anciens, le fait qu'elles ne dépendent pas des mots mais des idées *(sententiae)*. Pourtant, à s'en tenir à cette définition, on sort du champ des figures, et même du champ de la rhétorique, puisque celle-ci n'envisage la langue et la pensée que dans leurs liens réciproques. Nous tenterons d'être plus précis en partant d'exemples bien connus.

Qu'est-ce donc qui distingue l'allégorie, figure de pensée, de la métaphore ? Ou encore l'ironie du calembour ? D'abord ces deux figures concernent le discours en tant que tel : phrase ou suite de phrases. Ensuite, elle prétendent énoncer une vérité : une métaphore n'est ni vraie ni fausse, une allégorie est vraie ou fausse. Enfin, si le calembour et la métaphore n'ont qu'un seul sens, l'ironie et l'allégorie peuvent être lues chacune de deux manières, au sens littéral et au sens figuré ; elles sont les figures du « double langage » puisque leur message garde un sens qu'on l'entende littéralement ou selon l'esprit. Dans l'allégorie, la vérité du sens littéral entraîne la vérité du sens figuré. Dans l'ironie, c'est la fausseté du sens littéral qui entraîne la vérité du sens figuré.

Cette analyse vaut pour toutes les vraies figures de pensée. L'**hypotypose,** par exemple, récit ou description, fait comme si son objet était présent, au point qu'on croit voir ce qu'on entend ; on peut donc la prendre au sens littéral ou au sens figuré. Nous nous bornerons ici aux figures principales.

L'**allégorie** est une suite cohérente de métaphores qui, sous forme de description ou de récit, sert à communiquer une vérité abstraite. Elle a donc un sens littéral, que Perelman appelle le **phore,** et un sens dérivé, le **thème** (cf. *TA,* p. 517 suiv.) ; le phore est ce qui est dit, le thème ce qu'il faut comprendre. Aussi ne faut-il pas la confondre avec la métaphore, ni même avec la métaphore filée, suite cohérente de métaphores. Pourquoi ? Paradoxalement, parce que l'allégorie ne comprend que des métaphores. La vraie métaphore, elle, comprend toujours des termes non métaphoriques et ne peut donc être lue qu'au sens figuré ; l'allégorie, parce que tous ses termes sont métaphoriques, peut être lue selon la lettre ou selon l'esprit. Ainsi, dans le vers de Voltaire, cité par Fontanier (p. 115) :

> Il n'est point ici bas de moisson sans culture.

on peut voir, soit un sens littéral, soit un sens figuré.

Par contre, la maxime attribuée à Confucius :

> « L'expérience est une lanterne accrochée dans le dos qui éclaire le passé. »

est une métaphore filée ; car *expérience* et *passé* sont au sens propre, font partie du thème et non du phore ; la phrase ne peut donc être lue qu'au sens figuré.

Le champ de l'allégorie est très vaste : poésies antiques et médiévales, romans à clef, proverbes, fables, paraboles. Mais, brève ou longue, l'allégorie est toujours un discours fermé ; on sait où elle commence et où elle finit. Voyons brièvement sa structure, puis sa fonction.

La structure de l'allégorie est complexe, car la ressemblance y joue à deux niveaux. Soit le proverbe : *Une hirondelle ne fait pas le printemps.* Pour Aristote (*Ethique à Nicomaque*, I, 1098 *a*), il signifie qu'un instant heureux ne garantit pas le bonheur. Or, la ressemblance entre le thème et le phore est double. D'abord une analogie globale : il y a le même rapport entre l'hirondelle et le printemps qu'entre l'instant et la vie, un rapport de partie à tout. Mais aussi une ressemblance terme à terme entre les parties du phore et celles du thème ; car le printemps évoque le bonheur et l'hirondelle la promesse. On a donc une double ressemblance, horizontale et verticale. D'ailleurs, si les termes étaient négatifs (un corbeau ne fait pas l'hiver) l'analogie ne jouerait plus. En fait, quand il s'agit du mal, la sagesse des nations conclut volontiers de la partie au tout : *Qui a bu boira ; Un malheur ne vient jamais seul.*

L'allégorie, parce que didactique et sans mystère, est méprisée depuis les romantiques, qui lui préfèrent le symbole, expression de l'indicible et de l'infini (cf. Todorof, p. 235 suiv.). Pourtant, son didactisme n'exclut pas un certain mystère, que Fontanier décrit ainsi : en exprimant une pensée sous l'image d'une autre, l'allégorie la rend « plus sensible et plus frappante que si elle était présentée directement et sans aucune espèce de voile » (p. 114). Y a-t-il donc de l'érotisme dans l'allégorie ?

Notons d'abord que sa fonction didactique est assez étrange. Elle illustre, dit-on, l'abstrait par le concret, le quotidien, le familier... Mais elle ne réalise ainsi aucune économie d'enseignement ; d'ailleurs, peut-il y avoir « économie » en matière d'enseignement ? Toujours est-il que l'allégorie oblige à enseigner deux fois ; d'abord le phore, ensuite le thème. Ainsi, après le fameux récit de la « Caverne », Platon (*République*, 517, *a*) nous prévient qu'il s'agit d'une « image » *(eikôn)*, puis il nous en donne longuement la clef, la correspondance terme à terme. De même la parabole du Semeur se déroule en deux temps. Jésus raconte une histoire très quotidienne puis, comme les disciples n'en comprennent pas le sens spirituel, il leur enseigne toutes les ressemblances :

Phore	*Thème*
Le semeur sort	Jésus vient
et jette sa semence...	annoncer la parole du Royaume...
Dans les épines	Dans les soucis du monde et la richesse,
elle ne pousse pas	elle est oubliée.

Certes, la parabole est construite sur une analogie et une ressemblance terme à terme. Mais ni l'une ni l'autre ne s'impose d'elle-même ; il faut les trouver, parmi bien d'autres ressemblances possibles. Ainsi, la caverne pouvait passer pour un abri bienfaisant et profond, le semeur pour le diable. L'allégorie est éclairante pour ceux à qui on l'a enseignée. Elle reste énigme, énigme mortelle, pour ceux qui « entendent sans comprendre » (Matthieu, XIII, 3). Alors, pourquoi ce double enseignement ?

Sans doute pour susciter « le plaisir d'apprendre », d'Aristote. L'énigme n'est-elle pas justement ce qui fait la force didactique de l'allégorie, son « érotisme » au sens platonicien du terme ? Parce qu'elle intrigue et qu'elle trouble, elle invite à chercher autre chose, à sortir de la caverne... L'énigme est le moment de la motivation.

Toutefois, l'allégorie ne fait pas qu'illustrer. Elle prétend prouver. On le remarque avec les proverbes, qui tirent d'une relation familière une relation d'ordre moral et procèdent à un transfert non seulement de sens mais de vérité. *Pierre qui roule n'amasse pas mousse;* c'est vrai ; mais on conclut de cette vérité d'expérience à une vérité d'ordre moral : celui qui voyage ne s'enrichit pas. Maintenant, l'analogie est-elle légitime ? En fait, on pourrait conclure aussi bien à la vérité contraire. En Ecosse, pays marin, *Rolling stone gathers no moss* est compris : qui voyage ne s'encrasse pas, reste jeune, alerte. Ainsi encore, d'une même fable, La Fontaine ne tire pas la même moralité qu'Esope. La ressemblance éclaire et suggère, elle ne prouve rien. Mais la tentation rhétorique sera toujours de s'en servir pour prouver, de conclure du semblable au vraisemblable.

L'**ironie** consiste à dire le contraire de ce qu'on veut dire dans le but, non de mentir, mais de railler, de faire rire par le contraste même entre les deux sens. Selon Quintilien, il faut distinguer entre l'ironie trope, qui porte sur quelques mots : *Hitler, ce grand pacifiste, disait...* (1), de l'ironie figure de pensée, qui constitue tout un discours, voire toute une œuvre ; « et même la vie d'un homme peut sembler n'être qu'une ironie, comme celle de Socrate... » (IX, 2, 46). D'ailleurs, telle vie peut aussi être une allégorie, ou un symbole.

(1) On aura compris que l'exemple n'est pas de Quintilien. Sur l'ironie, cf. C. Kerbrat-Orecchioni, p. 134 suiv.

L'ironie figure peut donc être prise au sens figuré ou au sens littéral ; et il arrive d'ailleurs que sa victime la comprenne ainsi, ce qui la rend encore plus ridicule aux yeux des tiers. Mais, même pour les tiers, le sens littéral s'impose d'abord, et le sens dérivé n'apparaît qu'ensuite, grâce à certains indices extrinsèques au discours ironique.

Quels indices ? Le ton de la voix, emphatique ou glacial. La ponctuation : guillemets, points de suspension. Le rapport du message avec le contexte ou avec la situation. L'imitation parodique du discours de la victime, avec son accent, ses clichés. L'éloge hyperbolique, ou l'éloge à contretemps, comme *c'est un très bon élève*, adressé à un artiste. La contradiction qui éclate sous la logique apparente :

> « Qu'est-ce que le capitalisme ? L'exploitation de l'homme par l'homme. Et le socialisme ? L'inverse. »

En fait, il y a antanaclase, car on joue sur deux sens d'*inverse*. Les indices de l'ironie sont souvent incertains ; ainsi, quand un ministre déclarait, en inaugurant un sous-marin nucléaire :

> « L'Inflexible met en œuvre la belle formule des pacifistes : « guerre à la guerre ». »

il n'y avait aucune ironie dans son esprit ; mais ses adversaires pouvaient en voir une ! Enfin, l'ironie est dite « fine » dans la mesure où ses indices agissent à retardement et où elle provoque ainsi cet effet de surprise qui appartient à l'essence du comique.

Le rire est par lui-même un moyen de persuasion ; il détend l'auditoire et rallie en raillant. C'est pourquoi l'esprit et l'humour sont des moyens rhétoriques ; mais ils ne sont pas des figures, car on ne peut les codifier.

L'**esprit** est vraiment fort, en effet, là où on ne l'attendait pas ; ce n'est pas l'attaque qui est spirituelle, mais la réplique. L'esprit est donc avant tout « présence d'esprit », le fait de pouvoir lancer au bon moment le trait d'ironie qui convient. Encore peut-on l'acquérir comme on acquiert l'art d'improviser : en se donnant des schèmes de répliques adaptables à toute situation, des lieux.

Victor Hugo avait rédigé un pamphlet virulent, *Napoléon le Petit*, contre Napoléon III. Celui-ci, à qui on présentait le libelle clandestin, le feuilleta un moment puis dit à son entourage : *Messieurs, voici Napoléon le Petit par Victor Hugo le Grand.* L'ironie vient de l'antiphrase, qui ridiculise les prétentions du poète. L'esprit vient de ce que l'ironie est spontanée, imprévisible. En apparence, du moins, car l'empereur avait fort bien pu préparer son coup.

Quant à l'**humour**, il est avant tout une attitude physique de détente ; le degré primaire de l'humour n'est-il pas dans un mot dit avec flegme là où tout le monde a perdu la tête ? Ensuite, si l'ironiste se situe au-dessus de ce qu'il ridiculise, l'humoriste, lui, commence par s'y comprendre. D'où sa force persuasive, qui ressortit surtout à l'éthos ; il met l'auditoire de son côté parce qu'il lui inspire confiance et sympathie.

Certaines figures de pensée, proches de l'ironie, portent non plus sur l'énoncé mais sur l'énonciation. La **prétérition** consiste à dire qu'on ne parlera pas d'une chose pour mieux en parler : *Je ne vous dirai rien des peines que m'a coûtées...* Elle suscite à la fois la curiosité et la connivence, le sentiment du « cela va de soi ». Le **chleuasme**, ou auto-ironie (cf. p. 33).

La **question oratoire** est celle dont l'auteur connaît la réponse et qui a pour but d'accrocher le public, de le mettre dans le coup : *Savez-vous combien nous coûte... ?*

L'**apostrophe** s'adresse à un absent (cf. *supra*,

p. 36) alors que la **prosopopée** fait parler un absent (cf. *infra*, p. 93).

La **prolepse** consiste à devancer l'argument de l'adversaire pour le retourner contre lui (cf. *infra*, p. 73).

L'**épanorthose** est une rectification rhétorique de ce qu'on vient de dire ou d'écrire, pour faire entrer l'interlocuteur dans la genèse de notre pensée et, ici encore, le mettre dans le coup ; elle est surtout un indice de sincérité. Un bel exemple d'apostrophe suivi d'une épanorthose est la préface de *La cérémonie des adieux*, ce livre où Simone de Beauvoir relate la fin de Sartre ; elle s'adresse à lui :

> « Voilà le premier de mes livres, le seul sans doute, que vous n'aurez pas lu avant qu'il ne soit imprimé. Il vous est tout entier consacré et ne vous concerne pas (...) Ce « vous » que j'emploie est un leurre, un artifice rhétorique. Personne ne l'entend ; je ne parle à personne. En vérité, c'est aux amis de Sartre que je m'adresse... » (Gallimard, 1981).

Quoi de plus profondément rhétorique que cet aveu de rhétorique ?

Nous avons tenté d'expliquer le pouvoir de persuasion de chaque figure. Mais ne pourrait-on généraliser et donner une théorie d'ensemble sur le pouvoir persuasif des figures ? En fait, plusieurs explications ont été proposées.

La première consiste à voir dans la figure un accord entre le signifiant et le signifié qui, surmontant l'arbitraire du signe, satisfait un désir profond de réconciliation entre les mots et les choses. C'est vrai surtout des figures fondées sur la ressemblance : onomatopées, rimes, paronomases, métaphores, allégories.

La seconde consiste à voir dans la figure une réussite verbale, « un bonheur de style » (Alain).

Réussite qui emporte l'adhésion par le plaisir qu'elle provoque. Plaisir d'apprendre, disait Aristote, plaisir de percer une énigme, de percevoir une harmonie et finalement de se sentir intelligent.

La troisième consiste à voir dans la figure un retour à l'enfance. Car, la pensée de l'enfant, comme celle du rêve, abolit plus ou moins les rapports logiques pour les remplacer par d'autres. Soit par des images ; soit par des associations, comme dans le calembour ou la métonymie ; soit par des généralisations, comme dans la synecdoque ; soit par des ressemblances, comme dans la métaphore et l'allégorie. La force des figures serait donc de nous rendre un langage perdu ; de nous délivrer du principe de réalité pour le plaisir du rêve ; de suspendre les règles logiques pour libérer l'enfant en nous.

Ces explications, qui ne sont pas exclusives l'une de l'autre, suggèrent au fond que la figure appartient à une forme de langage que réprime le discours quotidien et prosaïque, mais qui peut resurgir dans les moments d'émotion et de de crise. Néanmoins, ces explications restent incertaines et surtout partielles. En fait, le pouvoir de la figure ne se comprend vraiment que si on la replace dans l'ensemble du discours. La figure isolée ne dit rien et n'est rien. Il n'y a que des figures du discours.

CHAPITRE III

ARGUMENTS ET PRINCIPES DE LA PERSUASION

Comment un discours peut-il être persuasif ? Pour répondre, commençons par réfléchir sur la notion d'argumentation.

I. — Argumentation et démonstration

Qu'est-ce qu'un argument ? Une proposition destinée à en faire admettre une autre :

« *Dans cette période de crise*, tous les Français doivent être solidaires. » L'argument peut être précédé de « parce que », « puisque », « car », etc. « *Puisque nous sommes en crise...* »

Ce qui fait problème, dans notre définition, c'est la diversité des sens de « faire admettre ». Pour bien des auteurs, ces sens se réduisent à deux : la démonstration rigoureuse, objective, dont le modèle est fourni par les sciences exactes ; et puis tout ce qui ressortit à l'influence, la séduction, la manipulation. La rhétorique, à commencer par celle d'Aristote, refuse cette alternative manichéenne et admet qu'entre la démonstration et l'influence il existe une troisième voie, l'**argumentation,** qui sans avoir la rigueur et l'objectivité de l'une n'est pourtant pas irrationnelle comme l'autre.

Qu'est-ce donc qui distingue l'argumentation de la

démonstration ? On se contentera de reprendre ici les analyses de Ch. Perelman.

1) L'argumentation s'adresse toujours à quelqu'un — interlocuteur, public, lecteurs, etc. — dont elle prend en compte le caractère, les habitudes de pensée, les émotions, les croyances. Ce destinataire, « l'auditoire », peut être un tribunal, un syndicat, un concile ou la foule ; il a chaque fois son langage, sa compétence, ses opinions propres ; si bien qu'une argumentation efficace pour un auditoire peut ne pas l'être pour un autre. La démonstration, au contraire, est valable pour n'importe qui, du moins dans l'idéal ; elle s'adresse à un « auditoire universel ».

2) L'argumentation s'appuie donc sur des prémisses qui ne sont pas nécessairement prouvées, ou évidentes, mais simplement vraisemblables, c'est-à-dire admises par la plupart, ou par les gens compétents, en tout cas par l'auditoire.

3) L'argumentation utilise la « langue naturelle », par opposition aux langues artificielles, comme l'algèbre. Ses propositions sont donc très souvent vagues ou ambiguës.

« L'usage de l'ascenseur est interdit aux enfants seuls » est vague, car on ne précise pas à quel âge finit l'enfance.

« Les démocrates s'uniront contre cette mesure » est ambiguë, car le terme « démocrate » comporte des sens différents. L'usage des figures — des expressions métaphoriques, ironiques, etc. — n'est qu'un aspect de ce caractère vague et ambigu de la langue.

4) Dans l'argumentation, le lien logique n'est pas contraignant ; il est seulement plus ou moins fort. Ainsi cet argument que Perelman nomme « quasi-logique » : « Les amis de mes amis sont mes amis » ; il rappelle la transivité mathématique : $a = b$, $b = c$, donc $a = c$. Mais on voit d'emblée qu'il n'en a

pas la rigueur et n'est que vraisemblable, puisque je puis être jaloux des amis de mes amis !

5) Il en résulte que la conclusion est rarement invincible, qu'elle peut être réfutée par une autre argumentation, celle du procureur par celle de l'avocat. Cela ne signifie en rien que toutes se valent, mais seulement qu'une argumentation est plus ou moins valable, sans qu'aucune le soit absolument.

Cette « quasi-logique » de l'argumentation peut paraître bien décevante. Je rappelle pourtant que c'est la nôtre, celle de la plupart de nos propos du moment qu'ils ne sont pas purement scientifiques.

II — Les différents types d'arguments

Les arguments sont très nombreux et nous renvoyons à Perelman pour une étude plus complète. On citera ici les principaux en retenant la classification d'Aristote : les uns sont du domaine inductif de l'exemple, les autres du domaine déductif de l'enthymème.

A) L'**exemple** est le recours à un fait singulier, c'est-à-dire non général. Ce fait peut être réel ou fictif ; l'essentiel est qu'il soit vraisemblable. Commençons par le fait réel. Quel peut être son rôle en tant qu'exemple ?

D'abord, l'exemple illustre une règle déjà prouvée ou destinée à l'être ; en fait, même dans ce rôle, il tend à renforcer la conviction, non seulement à faire comprendre mais à faire croire. Ensuite, l'exemple prouve, mais quoi ? En bonne logique, il peut prouver qu'un fait est possible — oui, il existe des cygnes noirs, des gens qui changent de sexe, etc. — ou encore réfuter un énoncé universel. Ainsi, quand on rapporte que certains policiers se sont livrés à des violences, on réfute l'affirmation que la police est toujours au service de la loi, mais on ne prouve pas pour autant que la police est en elle-même une institution violente. Néanmoins, toute propagande tend à extrapoler, à conclure de un à tous, de cette fois à toujours. Comme si l'on ne pouvait pas opposer à l'exemple d'autres exemples.

Le **précédent** est un cas particulier d'exemple : si X a pu faire ou pu recevoir ceci, pourquoi pas Y ? Cet argument n'est probant que si le cas de Y est exactement celui de X, ce que montre l'anecdote empruntée à L. Sterne :

> « Un père reproche à son fils d'être l'amant de sa grand-mère. Mais, répond le fils, vous couchez avec ma mère, pourquoi ne coucherais-je pas avec la vôtre ? » (*in* Perelman, *TA*, p. 304).

Bref, avant de s'en servir comme preuve, il faut prouver le précédent, montrer que le relation est la même dans les deux cas.

L'**argument d'autorité** est aussi un cas d'exemple. Ici, le fait probant, c'est l'opinion d'une personne savante, compétente, inspirée ou simplement illustre, opinion qui garantit la nôtre. Rejeté par les rationalistes, l'argument d'autorité est pourtant inévitable ; même un ouvrage scientifique abonde en références à des « sources » que l'auteur n'a pu contrôler. Mais ici encore, on peut toujours, du moins en principe, contester une autorité par une autre.

Curieusement, on peut recourir à « l'autorité » de l'adversaire, et de deux manières. D'abord, on peut dire : *Vous parlez comme l'ennemi*, ce qui disqualifie l'ensemble de votre discours par un argument *a contrario ;* « Hitler disait la même chose ! » Ensuite, on peut dire : *L'ennemi lui-même admet ceci*, argument *a fortiori* qui suggère que vous, vous auriez mauvaise grâce de ne pas l'admettre.

La **formule** est un cas de l'argument d'autorité. Elle est une expression brève — proverbe, adage, maxime, slogan — qui s'impose à notre créance du fait de sa forme, mais aussi de son ancienneté ou de son anonymat, lequel est comme une garantie de consensus, de chose jugée. La formule remplace l'autorité du « il » par celle du « on » : **On** dit bien que *donner et retenir ne vaut.* Certaines formules ont une portée universelle. Mais la « sagesse des nations » ne constitue en rien un système cohérent ; en fait, toute maxime, tout proverbe peut être « contré » par une autre formule : *Prudence est mère de la sûreté ;* mais : *Qui ne risque rien n'a rien.*

L'**analogie,** déjà rencontrée avec l'allégorie, opère sur un fait fictif aussi bien que sur un fait réel : *Comme le renard de la fable...* ; *Comme l'enfant prodigue...* Elle consiste à partir d'une relation connue pour éclairer ou prouver une autre relation qui lui est semblable, donc à conclure du phore au thème. Ainsi, celle d'Héraclite (*in* Perelman, p. 505) :

(thème) « L'homme au regard de la divinité est aussi puéril
(phore) que l'enfant au regard de l'homme. »

En fait, l'analogie n'est concluante que si le phore et le thème ont des rapports non seulement semblables mais identiques, comme dans la proportion mathématique : 2 / 4 = 5 / 10. Dans le domaine de la rhétorique, c'est-à-dire de la vie, ce n'est jamais le cas. Non pas que l'analogie manque de force ; mais sa force propre est de trouver, non de prouver. Ainsi, en science, a-t-elle permis bien des découvertes : le cœur semblable à une pompe, l'électricité à un courant, la langue à un organisme. Mais combien d'analogies la science n'a-t-elle pas dû briser pour progresser !

Tous les arguments précédents s'apparentaient à l'exemple. Les suivants sont du domaine de l'enthymème.

B) L'**enthymème,** au sens d'Aristote, est un syllogisme dont les prémisses ne sont que vraisemblables. Plus tard, on définira l'enthymème autrement : un syllogisme dont on n'énonce qu'une des deux prémisses ; *Socrate est mortel puisqu'il est homme ;* la majeure : *Tous les hommes sont mortels,* reste tue. Cette ellipse peut se justifier par des raisons d'économie : pourquoi dire ce qui va sans dire ! Mais l'ellipse est le plus souvent d'ordre tactique ; on gomme la prémisse qui, énoncée, paraîtrait douteuse ou choquante.

Un bon exemple d'enthymème, dans les deux sens de vraisemblable et d'elliptique, est le slogan français de 1939 :

« Nous vaincrons parce que nous sommes les plus forts. »

La majeure — les plus forts sont toujours vainqueurs — est sous-entendue. Pourquoi ? Parce que, énoncée, elle aurait paru douteuse, donc sa conclusion aussi ; et choquante, car peu conforme à l'idéal démocratique que la France prétendait défendre. La mineure elle-même était de l'ordre du vraisemblable, car rien ne prouvait que les Alliés étaient réellement plus forts que les Allemands.

La **tautologie** semble également ressortir à la logique, puisqu'elle s'appuie sur le principe d'identité : A est A. Ainsi dans *Une femme est une femme.* Mais il s'agit d'une antanaclase. La *femme* sujet dénote un être féminin, la *femme* attribut connote les valeurs que l'opinion attache à la femme, « être fragile, inconstant, trompeur », etc.

L'**alternative,** elle, repose sur le principe du tiers exclu : il n'y a pas de milieu entre A et non-A ; *être ou ne pas être.* Mais un tel argument n'est correct que si les deux énoncés sont réellement contradictoires. Or, dans la plupart des discours, on oppose des termes

— blanc ou noir, innocent ou coupable, démocrate ou fasciste — sans remarquer qu'il peut logiquement y avoir un troisième terme ; il n'est pas coupable, en ce sens qu'il n'a pas commis le crime, mais il n'est pas innocent puisqu'il l'a suggéré. Bref, une alternative qui ne repose pas sur une contradiction logique — blanc ou non blanc — n'est une preuve que si elle est elle-même prouvée, si l'on a montré qu'il n'est pas d'autre choix.

Le **dilemme** est un raisonnement qui repose sur une alternative et montre que, quel que soit le terme qu'on adopte, le résultat est le même : qu'il perde où qu'il gagne, Tisias devra payer. Sa force rhétorique vient de ce qu'il laisse le choix à l'adversaire, l'illusion du choix.

Illustration n° 2 : L'école est une citadelle. — Prenons un texte du philosophe et pédagogue Jean Château, tiré de *La culture générale* (Vrin, 1964, p. 60-61).

« L'école doit-elle rester une institution à part, séparée de la vie, ou doit-elle ouvrir ses portes sur la vie quotidienne et la profession ? Il ne faut point s'y tromper, l'école traditionnelle n'était point séparée de la vie quotidienne pour des raisons viles, mais pour cette raison capitale qu'un enfant qui grandit et dont la personnalité est encore frêle et susceptible, a besoin de se protéger d'un monde adulte trop dur et trop dangereux pour lui. L'école n'est point une prison, c'est une citadelle, c'est cette « enceinte » que Rousseau veut, dès la naissance, mettre autour de l'enfant. L'institution de l'école comme autonome procède donc d'un souci que l'on pourrait qualifier de fonctionnel. Sans parler tant de pédagogie fonctionnelle, les fondateurs de l'école ont compris quel danger il y avait à confondre le monde des enfants et le monde des adultes. Ils ont compris qu'il fallait, à l'intention des enfants, créer un univers à part. C'est ce même souci qui pousse aujourd'hui à adapter les bancs et les tables à la taille de nos écoliers. Mais il est beaucoup plus important d'adapter à l'esprit de nos enfants des structures éducatives qui ne leur donnent point de scoliose intellectuelle. Pour cela, il est nécessaire d'inventer à leur intention des structures toutes spéciales, des structures purement éducatives. »

Et, après avoir montré que ces « structures éducatives » ne peuvent être déterminées par les exigences professionnelles, *par la vie future de l'adulte dans une société qui n'existe encore point*, l'auteur conclut :

« L'école prépare la vie en tournant le dos à la vie. »

Château s'attaque ici au slogan de l'Education nouvelle, *L'école ouverte sur la vie*, la vie signifiant à la fois le milieu présent de l'enfant et sa future insertion professionnelle. Son propos ne manque ni de clairvoyance, ni de courage ; mais ce qui nous importe est la rhétorique qu'il utilise pour défendre la culture générale.

Il commence par une alternative et termine par un paradoxe sous forme d'antithèse : elle prépare la vie — elle tourne le dos à la vie. La question initiale repose sur une alternative non prouvée, du type : *il faut qu'une porte soit ouverte ou fermée.* Si l'on veut garder la métaphore, on peut admettre que l'école, comme une porte, peut être entrouverte, ou mieux s'ouvrir progressivement. Mais l'auteur enferme l'adversaire — qui d'ailleurs se prête au jeu en parlant d'école ouverte — dans une alternative brutale où l'adversaire sera perdant.

En fait, l'auteur recourt à « l'autorité de l'adversaire ». Rousseau est en effet le père fondateur de la pédagogie que Château critique ; donc, si Rousseau lui-même veut *cette enceinte* (cf. le début d'*Emile*), *a fortiori* vous devez l'admettre. De plus, il utilise le langage même de l'adversaire : *fonctionnel, autonome, enfant* (au lieu d'élève), *éducatives* (au lieu d'instructives).

De même, il oppose aux métaphores d'autres métaphores. A la *prison* qui enferme répond la *citadelle* qui protège. Dans *scoliose intellectuelle*, la métaphore condense le phore, *scoliose*, et le thème, *intellectuelle.* Enfin, l'analogie :

(phore) mobilier adapté	pour éviter la scoliose
(thème) structures éducatives	contre la scoliose intellectuelle

La vérité du thème se déduit de celle du phore.

Mais la figure la plus caractéristique est la **prolepse,** le fait d'énoncer d'avance l'objection de l'adversaire pour la retourner contre lui : prison ? Non, citadelle. Pour des raisons viles ? Non, pour cette raison capitale... Enseigner pour l'insertion dans la société ? Mais cette société n'existe encore point. Bref, vous voulez l'école pour l'enfant, mais alors vous ne pouvez la vouloir ouverte sur la vie. Tout ce texte n'est qu'une immense prolepse, qui s'appuie sur le langage de l'adversaire, ses arguments, ses références, pour les retourner contre lui.

III. — Le principe de non-paraphrase

Les principes rhétoriques sont ceux qui expliquent comment un discours peut être persuasif. C'est à partir d'eux, finalement, qu'on peut comprendre la force des figures et des arguments.

Le premier, on le nommera, faute de mieux, principe de non-paraphrase. La paraphrase est le fait de remplacer un énoncé par un autre sans qu'il y ait changement de sens ni perte d'information : *L'homme qui habite à côté de chez moi est célibataire* = Mon voisin n'est pas marié. D'après nous, le propre d'un énoncé rhétorique est qu'on ne peut le remplacer par un autre sans en altérer le sens et en réduire l'information. Il est non paraphrasable.

C'est évident pour les figures de mots, qui sont intraduisibles non seulement dans les autres langues, mais dans la leur : *CRS SS ;* si les CRS se nommaient

CRP (pour « protection »), la paronomase disparaîtrait, et avec elle l'effet de persuasion. La non-paraphrase vaut également pour les figures de sens ; une hyperbole, une oxymore ont pour effet d'exprimer ce qu'on ne peut pas dire autrement et, par là, dominent la pensée.

Mais l'exemple le plus parlant est celui de la **métaphore.** D'après les Anciens (cf. Cicéron, *De oratore*, III, 160 à 163), elle a une double fonction : de suppléance et de plaisir.

Elle supplée à l'indigence du vocabulaire par catachrèse en jouant sur la ressemblance, comme dans *les ailes* de l'avion. Or, la suppléance, ou encore l'illusion de la suppléance, peut avoir un effet persuasif. Ainsi, quand Churchill disait : *Mussolini, cet ustensile*, il laissait entendre qu'il n'y avait pas d'autre nom pour désigner le dictateur qui était passé aveuglément au service de Hitler.

Ensuite, la métaphore plaît. D'où vient ce plaisir, que nous ne prendrions pas à l'expression propre ? Cicéron en donne quatre raisons. D'abord la métaphore est une démonstration de créativité *(ingenium)*, car elle exprime un objet en termes inattendus et pourtant compréhensibles *(ustensile)*. Ensuite, elle résume d'un mot toute une comparaison et constitue ainsi un miracle de brièveté. Ensuite (cf. *Orator*, 134) elle exprime des idées abstraites ou lointaines par référence à un objet qui touche nos sens ; un *ustensile*, cela se voit et se manie. Enfin, grâce à elle, l'esprit est transporté sur un autre objet sans pourtant oublier le premier, et ce va-et-vient est par lui-même un plaisir ; on peut supposer que les Anglais durant la guerre n'éprouvaient aucun plaisir à penser à Mussolini, ni d'ailleurs à un ustensile ; mais le rapprochement, Mussolini, *cet* ustensile, provoque par lui-même un plaisir vengeur en même temps qu'une satisfaction intellectuelle, celle qu'on éprouve au trait de lumière qui éclaire tout. Plaisir d'apprendre, dit Aristote de la métaphore ; elle nous apprend d'un coup ce qu'aucune paraphrase ne saurait nous enseigner.

On peut reprendre cette analyse pour toutes les figures. Pour comprendre la fonction rhétorique d'une figure, il suffit de se demander ce qu'on perdrait sans elle.

On dira que la non-paraphrase s'applique aux figures, non aux arguments. Et pourtant les arguments eux-mêmes, en tant que rhétoriques, résistent à la paraphrase. Car leur fond est inséparable de leur forme, avec ce qu'elle comporte de vague, de sommaire, d'ambigu, avec tout ce qu'elle véhicule de charge affective.

Prenons un exemple, à vrai dire assez grossissant, l'argument de la prévention routière : *Boire ou conduire, il faut choisir.* Il s'agit d'une alternative ; mais elle n'est pas d'ordre logique ; elle repose sur un consensus sur les méfaits de l'alcool, qui s'est fait dans les années 50. D'ailleurs, la formule elle-même en dit beaucoup plus. D'abord par sa structure : les deux membres de quatre pieds chacun, la rime ; si vous ajoutez *boire de l'alcool...*, la formule est perdue. Ensuite par la signification sommaire de *boire*, hyperbole par synecdoque, puisqu'on ne précise pas la quantité ; comme si un peu d'alcool voulait dire alcoolisme, et boire être buveur ! Notons la pétition de principe : le second membre semble se déduire du premier, *choisir* de *ou*, alors qu'il ne fait que le formuler d'une autre manière. Enfin, la disposition même n'est pas neutre ; on va du négatif, *boire*, au positif, *conduire ;* si je procède à l'inverse : Conduire ou boire, il faut savoir, la formule perd en force. Dans le langage de Chomsky, nous dirons qu'un énoncé rhétorique en tant que tel n'a pas de structure profonde, que son pouvoir rhétorique, sinon son sens, réside dans sa structure de surface.

Illustration nº 3 : De Gaulle au soir du « jour le plus long ». — Voici, presque intégralement, le discours prononcé par de Gaulle à la BBC le soir du 6 juin 1944, jour du débarquement des Alliés en Normandie. Les numéros sont de nous.

(1) « La bataille suprême est engagée !

« Après tant de combats, de fureurs, de douleurs, voici venu le choc décisif, le choc tant espéré. Bien entendu, c'est la bataille de France et c'est la bataille de la France.

(2) « D'immenses moyens d'attaque, c'est-à-dire pour nous de secours ont commencé à déferler à partir des rivages de la vieille Angleterre. Devant ce dernier bastion de l'Europe à l'Ouest, fut arrêtée naguère la marée de l'oppression allemande. Il est aujourd'hui la base de départ de l'offensive de la liberté. La France, submergée depuis quatre ans, mais non point réduite, ni vaincue, la France est debout pour y prendre part.

(3) Pour les fils de France, où qu'ils soient, quels qu'ils soient, le devoir simple et sacré est de combattre par tous les moyens dont ils disposent. Il s'agit de détruire l'ennemi, l'ennemi qui écrase et souille la patrie, l'ennemi détesté, l'ennemi déshonoré.

(4) « L'ennemi va tout faire pour échapper à son destin. Il va s'acharner à tenir notre sol aussi longtemps que possible. Mais, il y a beau temps déjà qu'il n'est plus qu'un fauve qui recule. De Stalingrad à Tarnopol, des bords du Nil à Bizerte, de Tunis à Rome, il a pris maintenant l'habitude de la défaite.

(5) « Cette bataille, la France va la mener avec fureur. Elle va la mener en bon ordre. C'est ainsi que nous avons, depuis quinze cents ans, gagné chacune de nos victoires. C'est ainsi que nous gagnerons celle-là. En bon ordre ! (...)

(6) « Pour la nation qui se bat, les pieds et les poings liés, contre l'oppresseur armé jusqu'aux dents, le bon ordre dans la bataille exige plusieurs conditions.

(7) « La première est que les consignes données par le Gouvernement français et par les chefs français qu'il a qualifiés pour le faire à l'échelon local soient exactement suivies.

(8) « La seconde est que l'action menée par nous sur les arrières de l'ennemi soit conjuguée aussi étroitement que possible avec celle que mènent de front les armées alliées et françaises. Or, tout le monde doit prévoir que l'action des armées sera dure et longue.

C'est dire que l'action des forces de la Résistance doit durer pour aller s'amplifiant jusqu'au moment de la déroute allemande.

(9) « La troisième condition est que tous ceux qui sont capables d'agir, soit par les armes, soit par les destructions, soit par le renseignement, soit par le refus de travail utile à l'ennemi, ne se laissent pas faire prisonniers. Que tous ceux-là se dérobent d'avance à la clôture ou à la déportation ! Quelles que soient les difficultés, tout vaut mieux que d'être mis hors de combat sans combattre.

(10) « La bataille de France a commencé. Il n'y a plus dans la nation, dans l'Empire, dans les armées qu'une seule et même volonté, qu'une seule et même espérance. Derrière le nuage si lourd de notre sang et de nos larmes voici que reparaît le soleil de notre grandeur. »

Ce discours se caractérise d'abord par sa disposition. L'exorde, 1, et la péroraison, 10, sont des moments d'émotion intense, qui répond, tout en l'exprimant, à celle qu'éprouvaient les Français ce jour-là. Entre les deux, de Gaulle s'efforce d'instruire et d'argumenter *(docere)* par une alternance de preuves et d'injonctions.

Comme souvent dans le discours politique, l'exorde est *ex abrupto ;* l'orateur n'a pas besoin de capter la bienveillance ; il sait qu'on l'écoute ; son problème n'est pas de prendre la parole, mais de la prendre au nom de la France. Notons le juste choix des mots : *suprême, choc tant espéré,* et surtout la figure centrale, la répétition amplifiante ; *la bataille de France* est une dénomination ; l'auteur s'arroge le droit de désigner ce qui ne l'est pas encore — on disait alors « le débarquement » — et il transfère cet acquis sur la seconde phrase : *la bataille de la France.* S'il avait dit : c'est la bataille de Normandie, l'amplification n'était plus possible. Bref, la répétition se sert de l'identité pour passer de la France territoire à la France comme peuple.

En 2, c'est la narration, mais déjà chargée d'arguments implicites : *immenses, secours, déferler.* L'antithèse *oppression / liberté* est amplifiée par la métaphore de la *marée* qui recule ; analogie implicite.

En 3, l'injonction fondamentale : *détruire l'ennemi*, avec répétition en gradation de ce terme. Notons l'asyndète *simple et sacré*, pour simple parce que sacré. Elle s'oppose aux conseils tortueux donnés par l'ennemi, ou même par les Alliés ! Car le discours vise ceux-ci autant que celui-là.

En 4, la réfutation, la contre-argumentation. Certes, *l'ennemi va tout faire...*, mais il est déjà vaincu, comme le suggère le mot *destin.* Puis la preuve par l'exemple : des trois défaites, de Gaulle conclut à *l'habitude de la défaite.*

En 5, une nouvelle injonction, mais nettement moins simple. Car l'alliance des termes : *avec fureur, en bon ordre*, est une véritable oxymore. L'orateur justifie son injonction par un nouvel exemple, tiré de l'histoire.

En 6, nouvel argument, d'ordre narratif, puisqu'il décrit la situation, introduit les trois injonctions suivantes en les justifiant. Ce n'est pas l'orateur qui *exige*, mais le *bon ordre dans la bataille.*

En 7, 8 et 9, les trois injonctions, non plus au courage, mais à la prudence. On a reproché ensuite à de Gaulle de ne pas les avoir lancées plus tôt. En tout cas, leur caractère technique ne supprime pas la rhétorique ; c'est même là qu'elle est la plus forte car la plus cachée.

En 8 et en 9, les arguments ne sont plus des exemples mais des enthymèmes. Notons en 8 les *armées alliées*, la seule allusion de tout le discours, alors que ce sont les Alliés qui débarquent, et non les Français !

Mais c'est en 7 qu'on trouve le mot le plus lourd de sens de tout les discours : *Gouvernement.* En fait, le gouvernement du général n'était reconnu à l'époque

que comme gouvernement provisoire, et les Alliés ne tenaient pas à l'associer à l'administration de la France libérée. De Gaulle profite de la situation pour s'imposer devant le monde entier comme *le Gouvernement français.* C'est encore une dénomination — il change la chose en changeant le nom — et c'est la seule marque d'énonciation de tout les texte, avec *pour nous* en 2, *nous* en 5 et *notre* en 10. Bref, de Gaulle identifie sa voix à celle de la France.

La péroraison, en 10, est l'instant du *movere.* Elle commence par les termes qui terminent l'exorde : *La bataille de France,* ce qui donne un effet d'enchâssement, de même que le dernier mot : *grandeur,* répond à *suprême* du début. Nouvelle répétition : *une seule et même.* Enfin la splendide métaphore filée de la fin : *Derrière le lourd nuage...,* sorte d'allégorie condensée ; comme en 2 avec la marée, l'auteur se sert d'analogies simples, qui partent l'une et l'autre des grandes compensations naturelles : la marée recule, après la pluie le beau temps, etc. Mais il se trouve que la marée, c'est l'ennemi ; la pluie, nos larmes et notre sang...

Terminons par une brève analyse paradigmatique. En 10, *le soleil de notre grandeur :* il aurait pu dire de la victoire, de la liberté, etc. ; mais la grandeur est pour lui la valeur suprême. *Reparaît* : il aurait pu dire paraît, point, se lève, mais il veut indiquer que cette grandeur n'est pas à créer, qu'elle est toujours là.

Il n'en va pas de même pour l'ennemi : *l'ennemi détesté, l'ennemi déshonoré* (3). Cette gradation, malgré sa violence, montre que de Gaulle ne s'est pas laissé emprisonner dans l'idéologie de son milieu ; au lieu commun de *l'ennemi héréditaire,* il substitue : *déshonoré ;* c'est donc que l'ennemi avait un honneur, qu'il a perdu par sa faute et qu'il peut éventuellement recouvrer.

A notre avis, la force de ce discours n'est pas dans la splendeur de ses figures, mais dans leur justesse. Il dit « les mots justes », les mots qui exprimaient les *fureurs* et les *douleurs* des Français d'alors, leur patriotisme exacerbé par quatre ans d'occupation. De Gaulle a su capter ce sentiment et le transférer sur lui-même, en montrant qu'il l'incarnait.

IV. — Le principe de fermeture

Le principe de non-paraphrase s'applique à la poésie encore mieux qu'à la rhétorique. Mais, avec celle-ci, il constitue une forme de pouvoir. En effet, il laisse sans réplique.

Ce qui introduit un second principe, que je nommerai « de fermeture ». Etant non paraphrasable, le message rhétorique paraît irréfutable, puisque les arguments qu'on peut lui opposer ne se situent pas à son niveau. Le seul moyen de le réfuter, ou mieux de le « contrer » est de lui opposer un message du même type, c'est-à-dire rhétorique.

L'exemple le plus clair est celui des formules. Leur force est dans leur fermeture, qui les rend sans réplique. On ne réfute un slogan que par un autre slogan. Celui du journal *L'Œuvre*, entre les deux guerres : *Les imbéciles ne lisent pas L'Œuvre*, fut inattaquable jusqu'au jour où ses adversaires trouvèrent la réplique : *Ils l'écrivent.*

Le principe s'applique aux figures de sens. Pour répliquer au slogan pédagogique : *école prison*, Château commence par attaquer la métaphore elle-même et sa connotation ; à *prison*, il répond : *citadelle.*

Plus généralement, le fait même de nommer une réalité nous donne un pouvoir sur elle, du moins quand il s'agit d'une réalité d'ordre social. La qualification (cf. Cicéron, *De oratore*, II, 130 et 134 ;

Perelman, *TA*, § 32) est un lieu propre au discours judiciaire : cet acte doit-il être qualifié de meurtre, de crime, d'assassinat ? Mais on la retrouve dans tout discours ; qualifier quelqu'un de fasciste, ou de stalinien, c'est s'ériger en juge et s'arroger un pouvoir sur lui, ne serait-ce qu'en le faisant rentrer dans un cas général et déjà jugé. La dénomination est encore plus radicale, car elle crée littéralement ce qu'elle nomme ; pensons au pouvoir que se sont attribué, à tort ou à raison, ceux qui ont créé des termes comme *génocide, ethnocide, totalitarisme.*

Les figures de construction obéissent au principe de fermeture. Quand vous aurez réfuté l'idée qu'elles véhiculent, vous n'aurez pas réfuté le véhicule, c'est-à-dire le chiasme, l'antithèse, l'inversion, la répétition.

De même pour les figures de pensée. Ainsi la question oratoire. Alors qu'une question est par définition ouverte et comporte plusieurs réponses, la question oratoire ne comporte qu'une réponse et son but est sutout d'ôter aux gens l'idée d'en chercher d'autres (cf. l'illustration n° 4).

Une forme encore plus subtile de fermeture est ce qu'Oswald Ducrot (*Dire et ne pas dire*, Hermann, 1972), nomme la **présupposition.** Le présupposé d'une question est l'affirmation qu'elle contient implicitement et qui reste intacte quelle que soit la réponse, si bien que le fait même de répondre renforce cette affirmation. En voici trois types.

1) *X est-il toujours communiste ?* Qu'on réponde : oui, ou non, ou je n'en sais rien... on admet par là même que X a été communiste.

2) *X est-il fasciste ou communiste ?* Ici, le présupposé est qu'il n'existe pas de troisième terme. Si c'est un communiste qui pose la question, il dira plutôt : *fasciste ou démocrate ?* La force de la présupposition est qu'elle laisse l'interlocuteur libre de sa réponse

tout en l'enfermant dans le présupposé. On le voit encore mieux avec :

3) *Saviez-vous que X a été communiste ?* Que vous répondiez par oui ou par non, vous admettez donc qu'il l'a été. Car dire qu'on *sait* ou qu'on *ignore* un fait revient à admettre la vérité de ce fait. Ainsi le *Ils ont compris* dans le texte de Château.

L'ironie elle-même est sans réplique. On ne peut que la « contrer » par une autre ironie, ou encore par l'indignation : *Votre ironie est mal placée.* Un bel exemple se trouve dans Freud (*Le mot d'esprit*, Gallimard, 1971, p. 154) :

« Le tyran Sérenissimus, frappé de la ressemblance qu'un étranger offrait avec lui-même, lui demande : « Ta mère a-t-elle habité ce palais ? — Non pas ma mère, répond l'étranger, mon père ».

Au sarcasme insultant du pouvoir répond l'esprit sans pouvoir. Et il gagne.

Bref, la fermeture du discours rhétorique explique en grand partie sa force, puisqu'on ne peut le réfuter par des arguments de son choix. Il vous oblige à le « contrer » en vous plaçant sur son propre terrain, donc à faire preuve de présence d'esprit et d'invention, ce qui n'est pas facile. On ne réfute la rhétorique que par une autre rhétorique.

Illustration n° 4 : Giscard et la voix de la sirène. — Jean-Michel Adam a publié dans *Pratiques* (n° 30, de juin 1981) cet extrait du discours prononcé par Valéry Giscard d'Estaing le 27 janvier 1978. Alors président de la République, Giscard invitait les Français à voter contre la gauche aux élections législatives. C'est ce qu'on a nommé le discours du *bon choix pour la France.* Les /, par lesquels Adam remplace la ponctuation, indiquent les unités de silence entre les syntagmes ou les phrases.

« Mais rien n'aurait pu être accompli sans vous / sans vous qui avez soutenu le redressement par votre discipline et par votre effort // ces résultats / ce sont votre bien difficilement acquis // est-ce le moment de les remettre en cause ? // ne vaut-il pas mieux poursuivre l'effort // déboucher enfin sur une situation assainie / sur une économie rétablie / sur des conditions favorables de vie ? /// Pensez à la situation d'une personne tombée à la mer /// et qui nage // qui nage à contre-courant pour regagner la rive /// le courant est puissant / mais à force de nager / elle s'est rapprochée du rivage // elle y est presque / elle va le toucher // alors / une voix vient lui conseiller à l'oreille / « Pourquoi te donner tant de peine ? // Tu commences à être fatiguée // Tu n'as qu'à te laisser porter par le courant » /// elle hésite // c'est bien tentant // pourquoi ne pas se laisser aller ? // mais / quand on se laisse emporter par le courant / on se noie ! // oui /// *applaudissement de 7 secondes* /// oui / il faut achever le redressement de notre économie... » (p. 75)

Si de Gaulle pratique le genre noble *(grave)*, Giscard, lui, pratique le genre simple *(tenue)* ; mais il n'en est pas moins rhétorique.

Le fragment est précédé d'un éloge de la politique économique de Raymond Barre, dite d'« austérité ». La première phrase crédite les électeurs, *vous*, du résultat de cet effort ; et, par un enthymème — ce que quelqu'un a acquis par son effort est à lui, etc. — on conclut : *c'est votre bien.* Jalon pour la suite : ne laissez pas la gauche le dilapider ! Giscard utilise lui aussi la dénomination : les privations constituent un *effort*, le résultat un *redressement*, etc.

Puis, à partir de *est-ce le moment*, une suite de questions qui sont oratoires, car la manière de les poser dicte leur réponse. En effet, elles sont énoncées sous forme de lieux communs (au sens deux, de croyance collective unanime) : qui refuserait une *situation assainie*, une *économie rétablie*, etc. ? *Déboucher enfin* va introduire l'argumentation qui suit, sur la *personne tombée à la mer.*

Il s'agit d'une **allégorie.** Son commencement est marqué : *Pensez à*, de même que sa fin : *Oui. Le* *nuage si lourd* de de Gaulle était une métaphore, car la suite, *de notre sang...* montrait qu'on ne pouvait la prendre qu'au sens figuré. Tandis que l'allégorie peut être prise au sens figuré et au pied de la lettre : il y a réellement des nageurs dans cette situation. D'autre part, elle est construite sur une analogie, chaque terme du phore (en haut) étant en rapport de ressemblance avec un terme du thème :

Une personne	nage à contre-courant	et va toucher le rivage
Vous électeurs	votre effort	économie rétablie

De là se déduit le dernier terme de l'analogie :

Une voix vient lui conseiller	de se laisser porter
La gauche démagogique	annule les résultats

Il semble que les chefs d'Etat affectionnent les métaphores marines ; déjà de Gaulle, avec sa *marée*, sans parler de Mao, *le Grand Timonier...* Adam, dans son commentaire, affirme que Giscard place ses auditeurs dans le rôle « d'élèves particulièrement demeurés auxquels il est bon de raconter les plus grossières fables » (p. 89). Non ; cette allégorie est utilisée par tous les chefs d'Etat en temps de crise économique. D'ailleurs, l'ensemble des discours de Giscard montre qu'il est sincère, qu'il adhère profondément à ce thème d'Ulysse tenté par le chant des sirènes. Il eût mieux valu s'interroger sur la fonction rhétorique de l'allégorie. Cette fonction, nous semble-t-il, est double.

D'abord, l'allégorie dramatise, ce qui est une manière d'amplifier. Grâce à l'exemple du nageur en détresse, la situation de la France est décrite comme un drame, comme notre drame ; en nous identifiant à ce nageur, on nous fait sentir l'enjeu mieux qu'aucun raisonnement. Notez l'expression : *une personne ;* s'il avait dit : un nageur, les électrices n'auraient pu s'identifier.

Ensuite et surtout, l'allégorie a une fonction « phatique » ; elle confisque la parole à l'adversaire, tout en semblant la lui donner : *Tu n'as qu'à te laisser porter.* Certes, la gauche a la parole, mais uniquement celle qu'elle peut avoir dans la structure de l'allégorie, celle de la *voix* tentatrice, celle de la sirène. Evidemment, ce discours là n'était pas celui de la gauche à l'époque ; il ne s'agissait pas pour elle de relâcher l'effort, en admettant qu'il y eût effort, mais de le répartir plus équitablement, etc. Mais, comme toute figure, l'allégorie est sans réplique ; on n'y peut répondre que par une autre allégorie.

Et c'est ce qui s'est passé un peu plus tard, en 1982, à la Chambre des Communes de Londres. « Si Ulysse avait écouté la voix des sirènes, dit Mrs. Thatcher, le Premier Ministre, son navire aurait sombré et il n'aurait pu rentrer à bon port. » A quoi un député de l'opposition répondit : « Premièrement, Ulysse a écouté la voix des sirènes. Deuxièmement, son navire s'est échoué. Troisièmement, il est tout de même rentré à bon port. Quatrièmement, je demande une commission d'enquête sur l'état des études classiques dans le Royaume-Uni » (Cf. *Le Soir*, de Bruxelles, II, 1982).

Rhétorique contre rhétorique...

V. — Le principe de transfert

Maintenant, demandera-t-on, ces deux principes expliquent-ils comment le discours peut créer une croyance ? Non. Mais la question est sans doute mal posée, car en psychologie il n'y a pas de création *ex nihilo*. Et le discours persuasif n'est pas celui qui crée une croyance ; il est celui qui part d'une croyance de l'auditeur pour la transférer sur son objet propre. Telle est notre troisième principe, que nous appellerons principe de transfert.

D'abord, que transfère-t-on ? Une croyance. Or, la croyance est à la fois une opinion qu'on tient pour vraie et un sentiment global concernant son objet. Je crois que demain tel parti prendra le pouvoir et je m'en réjouis, ou j'en souffre, ces sentiments contribuant eux-mêmes à la conviction. On prend ses désirs pour la réalité, parfois aussi ses craintes. La croyance est d'autant plus profonde, c'est-à-dire durable, que ses éléments affectifs et intellectuels sont mieux soudés.

Donc, si la rhétorique ne tenait compte que des facteurs intellectuels de la croyance, elle ne persuaderait pas ; j'admettrais, moi l'auditeur, que les conclusions de l'orateur sont vraies en soi, non vraies pour moi ; j'admettrais toutes les statistiques sur le cancer des fumeurs, mais pourquoi m'y inclurais-je moi ? Car les statistiques, après tout... Mais si la rhétorique se bornait au *pathos*, si elle ne touchait qu'aux facteurs affectifs de la croyance, elle mobiliserait les sentiments, non la pensée, celle-ci pouvant toujours se retourner ensuite contre ceux-là ; certaines affiches terrifiantes contre les dégâts physiques du tabagisme peuvent vous empêcher un moment de fumer, mais un raisonnement finira bien par vous convaincre qu'elles ne vous concernent pas. La persuasion doit agir à la fois sur l'affectivité et sur l'intelligence, cet « à la fois » étant la marque de la rhétorique (cf. Campbell, p. 1 à 6).

Le transfert est donc d'ordre global. Montrons-le d'abord sur quelques figures.

La synecdoque permet le transfert, non seulement du sens, mais de la croyance ; transfert du tout à la partie, ou l'inverse. Ainsi, *le parti des travailleurs* transfère l'adhésion à la cause des travailleurs sur le parti qui s'en proclame l'unique représentant. Dans son discours du 6 juin, de Gaulle transfère sur sa personne le patriotisme, alors exacerbé, des Français.

L'ironie feint de prendre un discours au sérieux pour en faire ressortir le ridicule. Or, le ridicule est à l'argumentation ce que l'absurde est à la démonstration (cf. Perelman, *TA*, § 49) ; il ne repose pas sur une contradiction logique, mais sur une discordance entre une conduite, ou une affirmation, avec l'opinion publique. L'ironie mobilise cette dernière contre l'attitude déviante. Maintenant, si cette attitude est réellement forte et dangereuse, l'ironie fait place à l'indignation, qui ne dénonce plus le ridicule, mais l'odieux.

La tautologie, *une femme est une femme*, transfère l'opinion commune sur la « fragilité » féminine à cette femme-ci ; et la fausse identité permet le transfert en lui donnant une apparence logique : nier qu'une femme est une femme, c'est ridicule !

Le transfert concerne non seulement les figures, mais les arguments. Et ici encore, il est d'ordre affectif aussi bien qu'intellectuel. Car sur quoi se fondent les arguments ?

Sur les **lieux,** répond la rhétorique. Or, qu'est-ce qu'un lieu ? Ce terme, rappelons-le, nous paraît avoir trois sens : d'argument type, d'élément de preuve, de question générale qu'on peut poser à tout propos.

Dans le premier sens, le lieu est l'expression stéréotypée d'une croyance commune qui en permet le transfert sur une cause particulière : *l'enfance malheureuse / de mon client.*

Dans le second sens, les lieux sont « des prémisses d'ordre général permettant de fonder des valeurs et des hiérarchies »(Perelman, *TA*, p. 113). Ces prémisses vont permettre de prouver le pour ou le contre ; en effet, n'étant que vraisemblable, le lieu peut toujours être « contré » par un lieu adverse. Aristote le montre bien à propos des lieux propres au judiciaire ; si l'on a la loi pour soi, on peut exiger le respect inconditionnel de la loi écrite ; si par contre on l'a contre soi, on peut invoquer « la loi non écrite d'Antigone » (*Rhét.*, I, 1373 *b ;* 1375 *a*). Bref, tantôt la lettre, tantôt l'esprit ; ce qui revient à utiliser deux points opposés d'un même consensus, car au fond nous somme tous, tantôt pour Créon, tantôt pour Antigone. En politique, le lieu qui commande le discours de de Gaulle est l'honneur national, celui de Giscard l'efficacité économique, celui de Mitterrand la justice sociale ; certes, chacun admet les valeurs des deux autres, mais comme secondes.

Dans le troisième sens, de questions, Perelman distingue deux grands types de lieux (§ 22 et 23). Les lieux de la quantité, qui posent qu'une chose vaut mieux qu'une autre pour des raisons de grandeur ou de nombre ; l'intérêt de tous est préférable à celui de quelques-uns, un bien durable à un bien précaire, le normal au marginal ; c'est en fonction de ces critères qu'on posera la question : que faut-il admettre ? Les lieux de la qualité, eux, privilégient l'unique, l'original, le fragile, le rare, le marginal, le génie. Toute argumentation doit se demander quel est le lieu le plus propice au transfert, compte tenu du *pathos* de l'auditoire. Par exemple, une publicité va-t-elle insister sur l'aspect rassurant de l'objet : *tout le monde le fait, fais-le donc,* ou sur son aspect insolite, sa *différence* ? Mais, ici encore, les lieux antagonistes appartiennent au même consensus. Ainsi, semble-t-il, la France actuelle aspire-t-elle à la fois au changement et à la stabilité. D'où le succès du slogan de Mitterrand en 1981, qui transférait sur sa personne cette double aspiration : *La force tranquille.*

Un lieu propre à la pédagogie moderne est *L'école*

dans la vie ; autrement dit, on sē demandera, à tout propos, comment l'école peut être plus ouverte sur la vie. Or, Jean Château l'attaque de front en disant qu'elle doit « tourner le dos à la vie ». C'est là un paradoxe, procédé rhétorique qui semble infirmer notre principe de transfert, puisqu'au lieu de partir d'une croyance pour la canaliser on la refoule ! Bref, peut-on concilier le paradoxe et le transfert ?

Le **paradoxe** est une affirmation qui va contre l'attente de l'interlocuteur, un *inopinatum* (Quintilien, IX, 2, 23), en général parce qu'il contredit l'opinion commune ; c'est pourquoi il est toujours guetté par le ridicule, ou par l'odieux (exemple, la négation des chambres à gaz). Bref, comme toujours en rhétorique, il faut savoir jusqu'où l'on peut aller trop loin. Montaigne écrit : *Tu meurs non de ce que tu es malade mais de ce que tu es vivant ;* il va contre l'attente de l'interlocuteur, qui cherche à toute mort son pourquoi, *malade* exprimant par synecdoque l'ensemble des « pourquoi », des accidents possibles. Le paradoxe, dans sa forme typique, *non... mais,* déchire l'apparence pour dévoiler la réalité. Paul Valéry reprendra le même paradoxe autrement : *Ce n'est pas la ciguë qui a fait mourir Socrate, c'est le syllogisme ; le syllogisme* (« Tous les hommes sont mortels, or Socrate... ») est une belle métonymie pour : la nécessité logique.

On le voit : ces vrais paradoxes n'excluent le lieu commun que pour lui en substituer un autre, plus fondamental. Car enfin, chacun sait que tous les hommes sont mortels, mais personne ne veut le savoir quand il s'agit de ses proches ou de lui. Le paradoxe va de l'apparence : la ciguë, la maladie, à l'essence : la condition mortelle du vivant. Inversement, la plupart des proverbes et des maximes sont des paradoxes devenus lieux communs : *Tel qui rit vendredi... A père avare...* Entre le paradoxe et le lieu commun, il y a la même dialectique qu'entre la figure d'invention et la figure d'usage, qu'entre l'énigme et le cliché.

La force du paradoxe est d'abord celle de la surprise. Ensuite, et c'est là qu'il transfère, celle de la connivence. Car il en appelle à l'intelligence de l'interlocuteur : non, toi, tu ne peux pas t'en remettre aux idées reçues, te fier aux apparences, penser comme tout le monde. Selon les publics, ce refus du lieu commun peut être le plus efficace des lieux communs.

Illustration n° 5 : Sur la tombe de Jean Jaurès. — Cette illustration a pour but de montrer comment le discours peut transférer une croyance collective sur un objet qui lui est apparemment incompatible.

Le 31 juillet 1914, Jean Jaurès mourait assassiné par un « exalté » de la droite, qui lui reprochait son pacifisme comme une trahison. Le 2 août, la guerre commençait. Le 4 août avait lieu l'enterrement de Jaurès. C'est Léon Jouhaux, alors secrétaire général de la CGT, qui prononça l'oraison funèbre. Etrange discours, qui s'autorise du pacifisme de Jaurès pour légitimer la guerre.

Certes, la tâche de l'orateur n'était pas facile ; dans ce climat d'« union sacrée », il était impossible de célébrer le pacifisme intégral pour lequel Jaurès était mort et de dénoncer la guerre en cours. Les autorités l'auraient refusé, et même la foule de gauche ne l'eût sans doute pas admis. Que pouvait-on dire ? Le talent, indéniable, de Jouhaux consiste à partir de cette difficulté même — que dire ? — pour s'en faire un tremplin :

« Que dire à l'heure où s'ouvre cette tombe avant des milliers d'autres tombes ?

« Que dire dans l'immense douleur qui étreint nos cœurs, obscurcit nos yeux ?

« L'heure sanglante a sonné, contre notre volonté, contre la sienne. Demain, les canons vomiront la mitraille, la mort couchera dans les sillons des hommes jeunes encore, à l'aurore de la vie, devant lesquels s'ouvrait une ère de bonheur familial et de bon combat social.

« Ami Jaurès, tu pars, toi l'apôtre de la paix, de l'entente internationale, à l'heure où commence, devant le monde atterré, la plus terrible des épopées guerrières qui aient jamais ensanglanté l'Europe. Victime de ton ardent amour de l'humanité, tes yeux ne verront pas la rouge lueur des incendies, le hideux amas de cadavres que les balles coucheront sur le sol. (...) »

Jouhaux, loin d'exalter comme la droite la guerre qui commence, la dénonce dans les termes mêmes de Jaurès. On notera la tragique antithèse : *mort / sillons*, sans doute très éloquente pour un peuple encore proche de la terre.

Seulement, cette guerre, que Jaurès avait tout fait pour éviter, Jouhaux la présente, lui, comme inévitable : *contre notre volonté, contre la sienne ;* et la métonymie du début : *tombe ouverte*, pour mort, revient à faire de Jaurès le premier mort de la guerre, victime de la même injustice que celle qui va frapper tous les jeunes ouvriers devenus combattants. Bref, d'entrée de jeu, il décrit la guerre comme un crime, mais comme un crime inévitable. Or c'est précisément ce que refusait Jaurès, qui est mort pour avoir crié qu'on pouvait empêcher la guerre.

La suite constitue, selon la loi du genre, un éloge du disparu ; et cet éloge va permettre de l'« embrigader ». :

« Devant ce cercueil où gît froid, insensible désormais, le plus grand des nôtres, nous avons le devoir de dire, de clamer avec force qu'entre lui et nous, classe ouvrière, il n'y eût jamais de barrière. On a pu croire que nous avions été les adversaires de Jaurès. Ah ! Comme on s'est trompé. »

Jouhaux s'identifie à la classe ouvrière. Les dissensions qu'il mentionne s'étaient produites entre celle-ci (lisez la CGT) et le Parti socialiste de Jaurès. Il est certain que Jaurès avait tout fait pour les surmonter, d'ailleurs avec succès. La dissension principale portait précisément sur la guerre ; Jouhaux était alors plus radical en pacifisme que Jaurès lui-même ; il voulait répondre à la mobilisation générale par « la grève générale révolutionnaire ». Et maintenant, il affirme (au paragraphe suivant) :

« Jaurès était notre pensée, notre doctrine vivante... »

pour mieux l'enrôler. Comme le montre la suite, il se sert du pacifisme même de Jaurès pour démontrer que la guerre est non seulement inévitable mais juste :

« (...) Jaurès a été notre réconfort dans notre action passionnée pour la paix. Ce n'est pas sa faute, ni la nôtre, si la paix n'a pas triomphé. Avant d'aller vers le grand massacre, au nom des travailleurs qui sont partis, au nom de ceux qui vont partir et dont je suis, je crie devant ce cercueil toute notre haine de l'impérialisme et du militarisme sauvage qui déchaînent l'horrible crime.

« Cette guerre, nous ne l'avons pas voulue. Ceux qui l'ont déchaînée, despotes aux visées sanguinaires, aux rêves d'hégémonie criminelle, devront en payer le châtiment. Non seulement le râle des mourants, les clameurs de souffrances des blessés monteront vers eux comme une réprobation universelle, mais l'éclair de haine qui s'allumera dans le regard des mères, des orphelins et des veuves, devra faire jaillir des entrailles des peuples le cri de révolte qui condamne, précédant l'action qui réalise la condamnation.

« Si les peuples, tous les peuples, absolvaient l'horrible forfait qui va semer la douleur et la mort, ça en serait fini de l'humanité, du progrès social (...) Mais nous avons confiance ; cette heure de défaillance ne sonnera pas à l'horloge du destin humain. Notre idéal, celui qu'avec Jaurès nous avons semé aux quatre coins du monde, puise ses racines assez profondément pour que la bourrasque criminelle provoquée par le hideux militarisme prussien ne le déracine pas. »

Bref, si la guerre a éclaté, malgré les efforts de Jaurès *et les nôtres,* c'est bien la faute de quelqu'un.

Ici un nouveau glissement ; après avoir désigné le fautif dans les termes mêmes de Jaurès : *l'impérialisme et* le *militarisme sauvage* (*sauvage*, en 1914 a juste le sens de barbare), Jouhaux précise : *le hideux militarisme prussien.* Du coup, la guerre n'est plus seulement une fatalité, mais une légitime défense de la nation et de la classe ouvrière. Et, dans l'élan de sa logique, l'orateur, au nom de Jaurès, va inviter la classe ouvrière allemande elle-même à se joindre au bon combat :

« (...) nous n'avons pas perdu tout espoir de voir le peuple allemand, ces milliers de travailleurs organisés, se réveiller de leur mauvais sommeil, se dégager de la funeste emprise qu'exercent sur eux l'empereur et ses hoberaux et, par un effort suprême auquel nous serions heureux de collaborer, en finir à jamais avec le déshonorant caporalisme, pour nous rejoindre sur la route de la liberté. »

Jouhaux prêche maintenant « la guerre pour le droit », thème totalement étranger à Jaurès. Et pourtant, reprenant le procédé rhétorique de la **prosopopée,** il va faire parler Jaurès lui-même pour renforcer son argumentation :

« S'il était encore là, si un lâche assassinat n'avait pas étouffé à tout jamais sa voix, il nous dirait, camarades, que dans l'âpre lutte qui s'engage, au-dessus de la cause nationale, vous défendrez la cause de l'Internationale et celle de la civilisation dont la France est le berceau.

« (...) Et il ajouterait : pied à pied, nous avons lutté pour éloigner du monde le spectre de la guerre, résolus à tout sacrifier s'il y avait une chance de salut. Nos efforts ont été vains, nous n'avons pu empêcher l'agression.

« Acculés à la lutte, nous nous levons pour repousser l'envahisseur, pour sauvegarder le patrimoine de civilisation et d'idéologie généreuse que nous a légué l'histoire. Nous ne voulons pas que sombrent les quelques libertés si péniblement arrachées aux forces mauvaises. Notre volonté fut toujours d'agrandir les droits populaires, d'élargir le champ des libertés. C'est en harmonie de cette volonté que nous répondons « présent » à l'ordre de mobilisation. Jamais nous ne ferons une guerre de conquête (...) »

Jouhaux-Jaurès transfère donc l'idéal internationaliste sur la volonté de guerre nationale. Le lieu commun de *la civilisation dont la France est le berceau*, qui nous paraît un peu ridicule aujourd'hui, était bien ancré à l'époque ; la gauche, notamment, associait volontiers le défense de la France avec celle de la civilisation. L'orateur s'appuie donc bien sur une croyance collective. Et, montrant dans les Français en guerre *les héritiers des soldats de l'an II allant porter au monde la liberté*, il s'écrie :

« Empereurs d'Allemagne et d'Autriche-Hongrie, hobereaux (...) qui, par haine de la démocratie, avez voulu la guerre, nous prenons l'engagement de sonner le glas de votre règne.

« Nous serons les soldats de la liberté (...) »

Dans tout ce passage, on ne sait plus si c'est Jaurès ou Jouhaux qui parle. Et c'est précisément là la force de Jouhaux. C'est la voix même du grand mort qui consacre la guerre comme guerre révolutionnaire et libératrice, qui mobilise l'Internationale au service de la France. Et la péroraison l'*atteste* une dernière fois :

« Non, camarades, notre idéal de réconciliation humaine et de recherche du bonheur social ne sombre pas. Arrêté dans sa marche, il prépare quand même, pour demain, de meilleures conditions de son développement à travers le monde.

« C'est l'ombre du grand Jaurès qui nous l'atteste. »

En fait, ce que dit l'ombre du grand Jaurès contredit totalement les propos du Jaurès réel. Au soir de son dernier jour, celui-ci avait déclaré au ministre Abel Ferry son intention de dénoncer dans *L'Humanité* du lendemain les intrigues bellicistes de la Russie tzariste et le gourvernement français qui s'en faisait le complice (1). Or, Jouhaux se garde bien de parler du tzarisme, de son bellicisme et de sa tyrannie ; il se

(1) Cf. F. Fonvieille-Alquié, *Ils ont tué Jaurès*, R. Lafont, 1968, p. 114 ; également, p. 123, 131, 182, 213.

borne à dénoncer l'impérialisme allemand et autrichien. De plus, si Jaurès est bien tombé sous les coups du militarisme, ce n'est pas, que l'on sache, de celui de l'Allemagne ; c'est le militarisme français qui depuis des années poussait à sa mort.

Maintenant, Jaurès mort est mobilisé. Et tout ce discours opère un transfert de croyance vraiment diabolique ; il part de l'indignation et du désarroi des travailleurs après le meurtre de Jaurès pour canaliser ces sentiments contre l'Allemagne. Il se sert du pacifisme pour légitimer la guerre. Guerre inévitable, puisque Jaurès lui-même n'a pu l'éviter. Guerre juste, puisqu'elle est une légitime défense contre les meurtriers de Jaurès et de la classe ouvrière. Guerre révolutionnaire et libératrice enfin, puisqu'elle réalisera l'idéal même de Jaurès (2).

Un tel discours nous montre que la rhétorique peut être, au sens propre du terme, une arme.

(2) On trouvera le texte intégral du discours de Jouhaux dans B. Georges et D. Trintant, *Léon Jouhaux*, PUF, 1962.

CHAPITRE IV

PHILOSOPHIE DE LA RHÉTORIQUE

La rhétorique est une arme : ceci nous pose le problème du statut de la rhétorique, de sa place dans notre culture et de sa valeur morale. Mais, avant de répondre, il convient de se demander si et dans quelle mesure on peut se passer de la rhétorique.

I. — Pérennité de la rhétorique : La publicité

Nous avons posé comme thèse que la rhétorique classique est toujours en vigueur ; qu'on applique toujours ses procédés, même si on les nomme autrement ; que le grand système mis en place dans l'Antiquité, pour être devenu plus riche et plus souple, pour s'être adapté aux changements de civilisation, vit. Peut-on admettre sans plus cette pérennité de la rhétorique ?

Nous répondrons en prenant le cas de la publicité, forme de discours qui s'écarte le plus du discours traditionnel étudié par la rhétorique. Si donc celle-ci s'applique au discours publicitaire, c'est bien qu'elle est une méthode durable et transférable à des situations différentes de celles qui l'ont fait naître.

Or, dans son ouvrage sur la stratégie de la publicité, Dieter Flader affirme exactement le contraire ; il dit que la rhétorique traditionnelle n'est pas pertinente pour l'étude de la persuasion publicitaire. Y aurait-il donc une autre rhétorique, non « traditionnelle » ?

A notre avis, le discours publicitaire se distingue du discours classique par trois traits essentiels. D'abord, il s'accompagne le plus souvent d'images, ce qui veut dire qu'il n'a pas le monopole de la communication et de la persuasion, que sa rhétorique peut donc être moins riche et moins serrée. Ensuite, le message, la « réclame » — affiche, tract, spot télévisé — est nettement plus bref que le discours classique ; il renonce aux longues périodes pour des phrases courtes et percutantes, de même qu'à la digression, qui est prise en charge par l'image. Enfin, l'argumentation y est des plus succinctes, parfois réduite à un calembour, ou encore à la répétition du nom du produit : *Dop, Dop, Dop.*

Reste que le discours publicitaire a lui aussi une disposition, une élocution, une action, celle-ci d'importance capitale. Et surtout que l'amplification, l'« âme » même de la rhétorique, y règne sans partage. En fait, la différence fondamentale que signale Flader se situe au niveau de l'invention, et plus précisément, pour ne pas dire exclusivement, du *pathos.* La rhétorique traditionnelle, dit-il, « s'appuie sur une psychologie indifférenciée de l'effet oratoire » (p. 13). Ce qui n'est pas exact. La rhétorique distingue les effets selon les genres de discours ; le judiciaire s'appuie avant tout sur l'indignation et la pitié, le délibératif sur l'espoir et la crainte, l'épidictique sur l'admiration et le mépris. Reste que le discours publicitaire a son propre *pathos,* tout à fait étranger à la rhétorique traditionnelle, nous dit Flader, puisque c'est dans Freud qu'il faut en chercher les principes ou les clefs.

Pourquoi, demande Flader, le destinataire se laisset-il influencer par un message en général tellement sommaire, simpliste, puéril, qu'il en est incroyable ? Et il répond : précisément parce qu'il est sommaire, simpliste, puéril. Car le message satisfait ainsi le besoin inconscient qu'a tout adulte de retrouver par moment la relation qu'il a eue, enfant, avec ses parents. Et la publicité ne fait que « transférer » ce besoin sur l'objet qu'elle vante, ou sur celui qui le vante. Derrière la communication publique s'installe une communication privée où l'annonceur, revêtu de la toute-puissance parentale, apaise l'angoisse du destinataire. Ainsi, dans le slogan si puéril : *Lee macht frei* (Lee, c'est la liberté), Lee n'est plus une chose, un banal pantalon, il devient un « objet-personne » qui s'occupe de nous ; et l'imprécision même du message — de quoi « libère-t-il », et comment ? — permet à l'inconscient d'en trouver le sens véritable : il libère de l'angoisse d'être adulte.

A titre de preuve, Flader montre que la publicité régresse vers l'enfance en abolissant le temps, en créant une fusion narcissique qui fait de l'objet un prolongement du moi (cf. p. 130, 131). Le *pathos* propre à la publicité serait donc l'angoisse et le besoin d'amour, les sentiments de l'enfant qui demeurent à jamais dans l'inconscient de l'homme.

Notons pourtant que les thèses de Flader sont, il le reconnaît lui-même, de l'ordre du vraisemblable (*wahrscheinlich*, p. 86). D'ailleurs, pour en rester à la psychanalyse, on pourrait trouver d'autres mobiles que ces deux-là ; par exemple, l'érotisme, l'agressivité, la culpabilité, le désir de puissance. Mais surtout, rien n'interdit de penser que la rhétorique publicitaire, tout en innovant quant au contenu reste, quant à sa forme, indentique à la rhétorique traditionnelle ; car elle en a bel et bien les lieux, la disposition, les figures, l'action. Et surtout, les trois principes de non-paraphrase, de fermeture, de transfert s'y retrouvent à l'évidence. Mais il s'agit d'une rhétorique qui laisse le sujet bien plus passif, bien plus infantile que la rhétorique classique, art de la polémique s'inspirant des joutes sportives. La rhétorique publicitaire, profitant du besoin de dépendance des gens, crée une relation asymétrique proche de la suggestion parfois, relation qui, selon Flader (et selon nous), met en danger le principe même de la démocratie (cf. p. 38).

II. — Rhétorique et langage : « L'écart »

Un autre problème est celui du rapport de la rhétorique, art du discours, avec le langage. Une théorie, très en vogue dans les années 60, présentait ce rapport comme un « écart ». Un message, disait-on, est rhétorique parce qu'il s'écarte de la norme, qu'il transgresse ou subvertit le code de la langue. Cette théorie a trouvé son expression la plus profonde et la plus solide chez Jean Cohen, dont le but est de définir l'essence de la poésie, la « poéticité ». Mais Cohen lui-même, dans son article de *Communications* (1970), emploie le mot « rhétorique » pour désigner son entreprise (p. 24). D'autres ensuite définiront la rhétorique elle-même par l'« écart » ; car son objet propre, dit-on, est le style, et le style constitue un ensemble d'écarts par rapport à un degré zéro (cf. *Rhétorique générale*, p 20 et 26).

Notons d'emblée que la théorie de l'écart a de solides répondants dans le passé, du moins en ce qui concerne les figures. « La figure, dit Quintilien, serait un défaut si elle n'était pas voulue » (IX, 3, 2, cf. II, 13, 11). Aristote disait de la métaphore : « C'est pour atteindre à plus de grandeur qu'elle s'écarte *(exallátei)* de la convenance » (*Rhét.*, III, 1404 *b*). Pour Fontanier, le propre de la figure est qu'elle

« s'éloigne plus ou moins de ce qui (...) eût été l'expression simple et commune » (p. 64). D'ailleurs, en grec, les noms de figures sont bien souvent des noms d'écarts ; « métaphore » : déplacement ; « métonymie » : transfert de nom ; « anacoluthe » : qui ne suit pas ; « hyperbole » : exagération ; « hypallage » : substitution ; « catachrèse » : abus.

Maitenant, même si la thèse de l'écart rend compte de la figure, rend-elle compte de la rhétorique, ou simplement du style ? Car le style d'un discours ne se réduit pas à la somme des ses figures. Cette conception atomistique du style équivaut à sa négation ! De plus, il existe des styles sans figures et, plus fréquemment, des figures sans style...

Ensuite, la figure elle-même ne prend son sens qu'insérée dans l'ensemble du discours. Mais alors, est-elle encore un écart ? Prenons la fin de *Booz endormi*, de Victor Hugo :

> et Ruth se demandait (...)
> Quel dieu, quel moissonneur de l'éternel été
> Avait, en s'en allant, négligemment jeté
> Cette faucille d'or dans le champ des étoiles.

La métaphore *faucille d'or* constitue bien une impertinence sémantique, un écart de sens, puisqu'elle est incompatible avec le contexte, *le champ des étoiles ;* il faut donc interpréter pour supprimer l'écart : par ressemblance, *faucille* équivaut à croissant de lune. Mais, si l'on relit le poème en entier, on voit qu'il repose sur deux isotopies (familles de sens) ; celle de la moisson : *aire, boisseau, champ, glaneuse, épis, moissonneur ;* et celle du ciel : *rayons, anges, ailes, firmament, astre, dieu.* Or, le sens profond du poème est que les deux réalités, la moisson et le ciel, se rejoignent en ce moment de grâce. Ainsi, parvenus au dernier vers, nous comprenons que *cette faucille d'or* n'en est pas une, mais nous comprenons aussi, grâce à la « torsion » introduite par la métaphore, que le croissant de lune est autre chose encore que lui-même, qu'il est le signe d'une rencontre mystérieuse mais réelle entre le ciel et la terre. C'est Ruth qui voit juste. Et la métaphore n'apparaît plus alors comme un écart, mais comme la façon la plus véridique et la plus heureuse de dire ce qu'elle voit, ce qui est.

En fait, il suffit d'étudier la rhétorique pour voir qu'elle s'est toujours présentée non pas comme un écart mais comme un code. Un code qui, loin de transgresser celui de la langue, l'enrichit et le parachève. La règle d'or des rhéteurs grecs était l'*hellenizein*, celle des Romains la *latinitas ;* loin de s'écarter du code de la langue, il s'agissait pour l'orateur de le porter à sa perfection. Certes, le code rhétorique est plus souple que le code linguistique, régi par la loi du tout ou rien : « j'irai » ou « j'irais », singulier ou pluriel, etc. De plus, le code rhétorique est fait moins d'interdits que de permissions. Pour chaque problème d'expression, il offre un ensemble de « précédents », qui autorise telle figure sous telles conditions. Mais cette marge de liberté se situe à l'intérieur d'un code que les figures doivent respecter sous peine d'être incomprises ou ridicules. Par exemple, la métonymie ; quand le jeune Anglais de du Marsais (p. 127) écrivait à son protecteur : « Vous avez pour moi des boyaux de père », il faisait rire ; car l'usage a consacré « entrailles », voire « tripes » (républicaines), ou « viscéral », mais rien d'autre. C'est parce que la figure est codée qu'elle peut être comprise.

D'ailleurs, si la figure est perçue comme un écart, elle cesse *ipso facto* d'être persuasive ; c'est le signe qu'elle a fait long feu, parce qu'elle est usée ou choquante : elle n'est plus qu'un cliché ou une faute.

La figure persuasive est au contraire celle qu'on perçoit comme la meilleure façon de s'exprimer dans le cas présent. Le slogan *Terre et Paix*, lancé par Lénine en 1917, n'a pas été perçu par les paysans russes comme un écart ! Bref, la réthorique, dans sa partie stylistique, est bien un code qui autorise les figures par le précédent et en limite la liberté pour préserver la clarté et l'éfficacité du message. Il va de soi que ce code, comme celui de la langue, évolue du fait des novateurs et des créateurs.

C'est pourquoi, plutôt que par l'écart, je définirai le style par le choix ; choix des mots, choix des figures, choix des rythmes et des constructions. Montrons-le sur deux figures.

D'abord la **répétition.** On dira que cette figure est un écart par rapport à la règle d'économie ; dites : « Lucullus dîne chez soi » et non « chez Lucullus ». Toutefois, le procédé inverse, le refus de répéter un mot, conduit souvent à des contorsions stylistiques qui sont bien, elles, des écarts. Prenons, au rebours, la répétition célèbre de Pascal :

> « Le riche parle bien des richesses ; le roi parle froidement des grands dons qu'il vient de faire, et Dieu parle bien de Dieu. » (n° 799).

L'argument est une analogie, qui est elle-même amplifiée par deux répétitions ; celle, faible, de « parle », et celle, surprenante, de *Dieu*. Mais, loin d'être redondante, cette répétition enrichit l'information ; car le Dieu qui parle est le Jésus du Sermon sur la Montagne, et le Dieu dont il parle est le Père tout-puissant. La formule est un raccourci qui suggère que le naturel avec lequel Jésus parle de son Père témoigne de sa propre divinité. L'économie est donc maximale ; et toute autre expression eût affaibli la pensée.

Ensuite, l'**anacoluthe,** figure qui semble justifier la thèse de l'écart, puisqu'elle transgresse la syntaxe. Toujours de Pascal :

« Le nez de Cléopâtre, s'il eût été plus court, la face du monde en eût été changée. » (n° 163).

Un professeur sabrerait cette phrase dans la copie d'un élève. Mais faut-il dire pour autant qu'elle viole le code ? Disons plutôt qu'elle substitue au code de l'écrit celui de la langue parlée, qui admet les anacoluthes : « Mon père, il est là. » L'anacoluthe de Pascal amplifie le paradoxe ; on s'attendait à la face de Cléopâtre, et c'est celle du monde qui surgit. Ici encore, la figure apparaît comme le choix le meilleur.

« Apparaît », répondra-t-on ; ce qui laisse entendre qu'il existe réellement un écart, sinon pour l'auditeur, du moins pour le linguiste. Mais alors, écart par rapport à quoi ? A quel « degré zéro » ? Là-dessus, les réponses divergent.

1) On s'écarterait du code de la langue. Nous venons de réfuter cette thèse. D'ailleurs, le code de la langue serait-il ce qu'il est sans les écrivains ? Quel peut être ce « code du latin » dont s'écarterait Cicéron ?

2) On s'écarterait du sens primitif, originaire, de l'*étymon.* Mais l'idée d'un sens originaire est arbitraire, car il est impossible de s'arrêter dans le temps pour dire : voici le début de la langue. De plus, le fait d'employer un terme archaïque — *charmes* pour poèmes — est pleinement rhétorique.

3) On s'écarterait du sens propre. Certes, si l'on borne le message rhétorique aux figures de sens. Et, même ici, peut-on considérer comme écart l'expression figurée, alors qu'elle apporte un surcroît d'information ? D'ailleurs, il suffit souvent d'annoncer qu'on

parle au sens propre, qu'on appelle un chat un chat, pour être en pleine rhétorique :

> Je ne puis rien nommer, si ce n'est par son nom
> J'appelle un chat un chat, et Rolet un fripon.
>
> (Boileau)

4) On s'écarterait de la dénotation pour la connotation. Mais les termes propres peuvent être aussi connotés que les figurés. Et la connotation elle-même n'est pas un écart ; pour être comprise, elle doit respecter un code, qui n'est autre que celui de la langue. Nous ne comprenons pas l'expression grecque : *son cœur est devenu jardin* (ἔγινε ἡ καρδιά του περιβόλι) parce que nous ignorons la connotation qu'a *jardin* en grec (= il s'est épanoui). La connotation est un sens second, d'ordre affectif, mais qui n'en est pas moins codé.

5) On s'écarterait de l'usuel, c'est-à-dire du plus fréquent. Mais on sait que la langue usuelle emploie tous les genres de figures. Le message rhétorique ne s'écarte pas de l' « usage » dans l'absolu ; il suit un usage spécifique, déterminé par sa fonction, qui est de persuader.

6) On s'écarterait du discours fonctionnel, qui se borne à donner, avec le minimum de mots, le maximum d'informations objectives. C'est en fait la thèse de Jean Cohen, qui compare les textes poétiques à un « groupe témoin » d'ouvrages scientifiques de la fin du XIXe siècle. Mais de quel droit dire que ces textes-là, très travaillés, se rapprochent plus du « degré-zéro » que la prose oratoire, pubicitaire, pédagogique, en un mot rhétorique, elle aussi déterminée par sa fonction ? Certes, il y a écart entre le style d'une plaidoirie et celui d'un verdict ; mais le verdict ne constitue en rien un « degré zéro » : il a le style qui répond à sa fonction propre.

Bref, il nous semble arbitraire de parler d'écart alors qu'on ne peut définir ce dont on s'écarte. La thèse de l'écart nous paraît symptomatique d'une époque qui n'est plus capable de faire le lien entre la règle et l'invention, qui ne conçoit le geste créateur que comme viol de la règle.

En tout cas, s'il rend compte à la rigueur de certaines formes gratuites de la poésie, l'écart échoue à rendre compte de la rhétorique, qui, elle, n'a rien de gratuit, qui est, comme le disait Chaignet, « un art de fonction ».

On pourrait à la rigueur retenir l'idée d'écart, mais à condition de la relativiser. Ecart de la rhétorique, non pas par rapport à quelque mythique « degré zéro », mais par rapport à d'autres types de discours, ceux qui ne visent pas à persuader. Telle est la position des Anciens ; la rhétorique s'écarte à la fois de la prose ordinaire et de la poésie. Qu'est-ce qui caractérise la prose rhétorique ?

D'abord le choix des termes ; alors que la poésie emploie des mots rares et des figures hardies pour créer un effet d'étrangeté *(xenikon)*, la rhétorique obtient le même effet sans renoncer pour autant à être intelligible ; sinon, elle susciterait l'admiration, non la persuasion. Elle doit donc se contenter de termes communs, mais choisis, et de figures éclairantes : « Si l'on sait s'y prendre, le discours paraîtra étrange tout en restant clair ; telle est la force du discours rhétorique » (Aristote, *Rhét.*, III, 1404 *b*). Un orateur, un publiciste peuvent, tout en se faisant comprendre, donner l'impression d'inédit : « Il y a longtemps qu'on n'avait pas entendu parler ainsi ! »

Ensuite, la prose rhétorique se distingue par son rythme propre ; elle s'écarte ainsi de la prose sans rythme aussi bien que des rythmes codifiés de la poésie. La prose rhétorique est « balancée » ou « frappée » ; en tout cas son rythme a pour première règle de n'apparaître pas, d'agir à l'insu des auditeurs.

Bref, il y a plusieurs types de discours, dont chacun s'écarte des autres sans que l'écart soit une transgression, puisqu'il résulte de la fonction même du discours.

III. — Rhétorique et sincérité : le pouvoir

La rhétorique est « un art de service », disions-nous. Or, n'est-ce pas justement son caractère fonctionnel qui la rend suspecte ? Destiné à persuader, le discours rhétorique s'écarterait, non pas des règles du langage en général, mais de ce langage « naturel et sans artifice » qui est celui de la sincérité. Le texte le plus éloquent contre la rhétorique nous paraît être celui d'*Emile* (Pléiade, p. 351, suiv.), où Rousseau part en guerre contre les fables de La Fontaine ; il rejette les figures du poète comme autant de mensonges contre la nature et contre la morale, tout en étant lui-même fasciné par cet art.

La rhétorique contre la sincérité : et si la sincérité n'était pas elle-même un procédé rhétorique ? Expliquons-nous. Le procédé par excellence de l'art oratoire est de se faire ignorer ; c'est un des lieux les plus anciens ; pour être crédible, l'orateur commence par dire qu'il n'en est pas un, qu'il laisse parler les faits, ou son cœur, ou sa conscience. Le bon avocat, dit Cicéron (*De oratore*, II, 310), cherche à plaire et à émouvoir tout en affirmant qu'il ne vise qu'à démontrer. La première règle de la rhétorique est donc de paraître sincère en affirmant qu'on ne fait pas de rhétorique. (cf. Perelman, p. 599, suiv. et Chaignet, p. 455 suiv.). Il y a d'ailleurs des figures de la sincérité, comme l'inversion, la délibération, l'épanorthose, etc. ; car, en donnant au discours l'apparence de l'imperfection, elles le rendent plus naturel et plus crédible. On en trouve un bel exemple avec la répétition de de Gaulle, dans son Appel du 18 juin 1940, à la BBC :

« Car la France n'est pas seule ! Elle n'est pas seule ! Elle n'est pas seule ! »

La répétition évoque l'émotion intense, irrépressible. Pourtant, la répétition est voulue. En effet, ces phrases se trouvent dans la version de l'Appel que de Gaulle a publiée dans ses *Mémoires de guerre*, en 1954 ; par contre, dans les rares traces de 1940, on trouve simplement : *Car la France n'est pas seule*, sans la répétition. Dans ce cas précis, « l'accent de sincérité » est bien le fruit d'un travail.

Nous avons une autre raison de rapprocher la sincérité de la rhétorique. Etre sincère, c'est exprimer ce qu'on pense, ce qu'on sent. Encore faut-il savoir l'exprimer. Et, faute de ce savoir, de ce savoir-faire proprement rhétorique, la sincérité sera cliché ou boursouflure, en tout cas « rhétorique » au pire sens du terme. Ici encore, il ne s'agit pas d'opposer un « degré zéro » à l'artifice, mais seulement un artifice maladroit à un artifice maîtrisé. Que peut-on exprimer par son chant si l'on chante faux ? La sincérité éloquente de Rousseau est tout aussi rhétorique que l'art de La Fontaine. Et l'un et l'autre chantent juste.

Bien entendu, il n'est pas question de dire que la sincérité n'existe pas, qu'elle n'est qu'un artifice rhétorique. Il existe une sincérité réelle et une sincérité qui n'est qu'apparente. Seulement, ce qui les distingue ne se trouve pas dans le discours lui-même. Tout ce qu'on peut dire est que la sincérité a besoin de rhétorique.

Maintenant, le reproche d'insincérité peut exprimer une réalité plus profonde. Sincère ou non, le discours, en tant qu'il est rhétorique, confère un pouvoir à celui qui le tient ; il est, par son art, manipulateur. Même si l'orateur est convaincu de ce qu'il dit, la manière dont il le dit lui confère une supériorité abusive sur les autres, qui après tout peuvent être convaincus eux aussi, mais sans avoir les moyens rhétoriques de faire valoir leur cause. Bref, le problème moral que pose la rhétorique n'est pas celui du mensonge, mais celui du pouvoir.

En fait, il faut distinguer entre différents cas. Supposons en effet un message à caractère rhétorique. Comme tout message, il y a un émetteur, E, et un récepteur, R, qui peut être individuel ou collectif. Si l'on prend en compte la conscience du caractère rhétorique du message, *rh*, quatre cas peuvent se présenter.

(1) E et R sont conscients de *rh*.
(2) E est conscient de *rh*, mais non R.
(3) R est conscient de *rh*, mais non E.
(4) Ni E ni R ne sont conscients de *rh*.

Le cas le plus clair est (2). C'est celui de toutes les propagandes. E, le propagandiste, a conscience des procédés rhétoriques de son message — qu'il y croie ou non, peu importe — alors que le public « cible » les ignore et se trouve donc en position d'infériorité.

Le cas (3) se vérifie dans une cure psychanalytique, où E, le patient, ignore la rhétorique de son message — métaphores, ellipses, symboles, etc. — alors que R, l'analyste, est capable de la décoder. Il en va de même pour la critique des idéologies.

Le cas (4) est précisément celui des idéologies, où E et R sont inconscients de la rhétorique du discours. En effet, si toute rhétorique n'est pas idéologique, toute idéologie s'exprime avec une certaine rhétorique, autrement dit avec des figures, des arguments, un ordre du discours ; et cette réthorique est idéologique en tant qu'elle échappe à l'émetteur comme au récepteur (1). Ainsi, quand Hitler parlait d' « espace vital » ou d' « hygiène raciale », son public n'avait pas conscience qu'il s'agissait de métaphores, et lui non plus. L'idéologie est une conscience faussée par sa propre rhétorique.

Reste le cas (1). C'est, à notre avis du moins, celui de l'enseignement. L'enseignement, en effet, a besoin de rhétorique. Le maître doit éveiller l'attention, soutenir l'intérêt, illustrer les concepts, faciliter la mémoire ; et tout ce qu'on nomme pédagogie n'est qu'une rhétorique du discours enseignant, inspirée par le principe qu'il ne suffit pas qu'un discours soit vrai pour être cru, qu'il soit clair pour être compris, qu'il faut toute une technique pour qu'il soit écouté, assimilé, retenu. Même les « méthodes actives », en tant qu'elles concernent le langage, loin de supprimer la rhétorique, la renforcent en l'assouplissant ; quoi de plus rhétorique en effet que de faire trouver par les élèves ce qu'on veut qu'ils apprennent ?

Mais, s'il n'est pas d'enseignement sans rhétorique, l'essence de tout enseignement est d'enseigner sa propre rhétorique, autrement dit de donner aux élèves les cadres conceptuels qui leur permettront d'apprendre par eux-mêmes et de se passer de maître. Les lettres et les sciences humaines, au-delà de tout contenu, enseignent les méthodes mêmes par lesquelles elles enseignent ; et ces méthodes : recherche des documents, construction, explication, traduction, style, diction, ces méthodes qui permettent de maîtri-

(1) Cf. O. Reboul, *Langage et idéologie*, PUF, 1980.

ser la parole et l'écrit sont proprement rhétoriques. Dans l'enseignement scientifique lui-même, le contenu importe moins que la forme, c'est-à-dire le sens de la précision, de l'analyse, de la preuve, de la critique, de la communication ; ne peut-on penser que cette « forme » est d'ordre rhétorique ?

En tout cas, si tout enseignement comporte une rhétorique, il permet à ses élèves de s'en rendre maîtres au lieu de la subir à leur insu. Le véritable élève est celui qui n'est pas destiné à le rester. Et le véritable enseignement, celui qui ne se réduit pas à une propagande ou à un endoctrinement, enseigne sa propre rhétorique, c'est-à-dire les moyens et les méthodes par lesquels il enseigne, pour que son élève puisse ainsi s'en rendre maître.

On peut conclure que le vrai moyen d'annuler le pouvoir abusif de la rhétorique est d'enseigner la rhétorique.

IV. — Rhétorique et philosophie

Que la rhétorique puisse être une pédagogie paraît donc indéniable. Mais ne peut-on aller plus loin et en faire un instrument de la philosophie ? Une philosophie peut-elle s'appuyer sur la rhétorique pour trouver et pour prouver ?

Ce genre d' « appui », diront certains, ne peut que rendre la philosophie suspecte de partialité. La philosophie se doit d'être vraie. Or, si l'on se reporte aux valeurs de la rhétorique, on y trouve le juste, l'utile, le beau, on n'y trouve point le vrai.

On répondra que la rhétorique peut, à tout le moins, servir de méthode à la philosophie. Pour Perelman, elle en serait même la méthode par excellence, qui seule pourrait sortir la philosophie de l'impasse où l'a enfermée le positivisme.

Perelman est parti du problème des jugements de valeur, en se demandant comment on peut les fonder en raison : « Existe-t-il des méthodes rationnellement acceptables permettant de préférer le bien au mal, la justice à l'injustice, la démocratie à la dictature ? » (*ER*, p. 8). Problème effectivement central. Car la philosophie, même matérialiste, même positiviste, ne peut se passer de jugements de valeur, du moment qu'elle prétend donner un sens à l'existence humaine. Or, la philosophie ne peut fonder ses jugements de valeur — c'est-à-dire elle-même — sur une démonstration formelle, de type logico-mathématique. Est-ce à dire que ces jugements soient purement « émotionnels » et arbitraires ? Non, dit Perelman, car le champ de la raison s'étend bien au-delà de celui de la démonstration formelle. Il inclut dans ce champ ce qu'Aristote nommait dialectique et qu'il nomme, lui, tantôt « argumentation », tantôt « nouvelle rhétorique ». Celle-ci peut servir, selon lui, de logique aux jugements de valeur, donc à la philosophie, à condition qu'on abandonne l'opposition simpliste entre une logique réduite à la démonstration formelle et la rhétorique réduite à des procédés de persuasion irrationnels. Bref, la philosophie peut rester rationnelle tout en fondant ses jugements de valeur sur la rhétorique.

Celle-ci, selon Perelman, est en réalité la méthode congénitale de la philosophie, méthode qu'elle aurait abandonnée, à la suite de Descartes, dans l'idée suicidaire qu'une méthode logico-mathématique peut résoudre les problèmes de l'existence.

Toutefois, la philosophie n'utilise pas n'importe quelle rhétorique, par exemple celle de l'avocat qui vise à persuader un auditoire particulier. Non, la rhétorique vise à convaincre « un auditoire universel » (*TA*, § 7). Mais par une argumentation. Celle-ci se distingue de la démonstration : d'abord parce qu'elle part de « lieux », d'opinions admises et vraisemblables ; ensuite parce qu'elle n'est pas tenue d'employer des termes univoques et rigoureusement définis ; enfin parce que ses raisonnements sont d'ordre quasi logique (cf. *ER*, p. 23). Reste à savoir si cette nouvelle rhétorique peut vraiment répondre à ce que l'auteur attend d'elle.

Rappelons en effet que la rhétorique, ancienne ou nouvelle, n'est pas une méthode pour trouver et prouver des valeurs, mais tout au plus pour convaincre autrui de celles qu'on croit détenir. L'invention rhétorique, malgré son nom grec d'*heurésis*, n'a rien d'heuristique ; elle ne découvre aucune valeur ; elle n'est que l'inventaire des moyens les plus efficaces de faire valoir sa cause. On peut d'ailleurs évaluer le projet de Perelman sur un point précis : la pétition de principe. Celle-ci, nous dit-il, n'est pas un procédé rhétorique, mais « une faute de rhétorique » (*TA*, p. 151), puisqu'on part d'une thèse que l'auditoire est censé partager alors qu'en fait il la conteste. Ce qu'il reproche donc à la pétition de principe n'est pas d'être fausse, mais d'être inefficace. Seulement, est-ce bien le propre de la philosophie que de s'adapter à l'opinion de son auditoire ? N'est-elle pas amenée, parfois sinon toujours, à faire appel à « l'entendement de chacun » contre « l'opinion de tous » ? Au rhéteur Polos, qui invoque pour sa thèse le témoignage de la foule, Socrate répond :

« Si je n'obtiens pas ton propre témoignage et lui seul en faveur de mon affirmation, j'estime n'avoir rien fait. » (*Gorgias*, 472 *b*).

Bref, il nous semble que, malgré son ampleur et sa richesse, la rhétorique de Perelman ne peut rendre à la philosophie les services qu'il en attend. Elle ne peut aboutir qu'au conformisme ou au scepticisme, qui n'est qu'un conformisme inversé. La question demanderait toutefois un débat plus serré, et nous convenons volontiers qu'elle reste ouverte.

Finalement, que pourraient être les rapports entre la rhétorique et la philosophie ? Nous nous bornerons ici à trois indications.

D'abord, il est indispensable, comme l'a bien montré Perelman, que les philosophes cessent de s'enfermer dans l'alternative manichéenne : logique formelle ou illogisme. Il existe tout un monde, celui des relations humaines, où la logique formelle est impuissante, et où l'on a pourtant besoin de logique. La philosophie ne peut méconnaître ce besoin sans faillir à ce qu'on attend d'elle. La quasi-logique, élaborée par Perelman, est sans doute la méthode nécessaire à toute philosophie qui se donne pour objet l'étude des problèmes humains. Et la tâche d'une telle philosophie n'est pas de détruire toute persuasion, mais de montrer « en quoi la persuasion se distingue de la flatterie, de la séduction, de la menace, c'est-à-dire des formes les plus subtiles de la violence » (Ricœur, p. 16). Bref, qu'est-ce qui fait la valeur d'une argumentation, valeur au sens non d'efficacité momentanée, mais de validité permanente ? Voilà la question que nous pose toute rhétorique et qu'il appartient à la philosophie de résoudre. A condition, certes, que la philosophie cesse de considérer la rhétorique comme négligeable ou comme méprisable.

Ensuite, il n'est pas moins indispensable que les philosophes prennent conscience de leur propre rhétorique, ne serait-ce que pour n'en être pas victimes. Et seule une connaissance approfondie de la rhétorique peut leur permettre cette prise de conscience. Kant a montré (*Critique du jugement*, § 59), que les concepts philosophiques les plus universels — *fondement*, *dépendre de, découler de, substance* — sont en réalité des métaphores (des « hypotyposes », dit-il). Pourquoi : à cause de leur origine sensible ? A ce moment-là, ce ne seraient plus des métaphores, mais des catachrèses ; c'est précisément parce que je n'ai pas besoin de penser à *pendre* quand j'emploie *dépendre* que *dépendre* est un concept philosophique (1). Certes, mais Kant donne une autre raison. Si nous voulons trouver à ces concepts un contenu sensible, nous ne pouvons le faire que par analogie ; c'est-à-dire en les illustrant par une image qui n'en épuise pas le sens, qui n'est pas un « schème », mais un « symbole ». Et Kant montre ensuite qu'il en va de même des attributs de Dieu. Mais, au-delà de la métaphore, c'est la rhétorique tout entière que la philosophie doit déceler dans son propre discours, non pas pour l'en bannir, mais pour lui attribuer son juste statut.

Enfin, dernière indication : du moment qu'une philosophie s'enseigne, elle ne peut, si rationnelle soit-elle, se passer de rhétorique. On pourrait montrer ainsi que tous les grands philosophes ont utilisé la rhétorique, au sens strict du terme, pour communiquer leur pensée. Nous nous bornerons à un seul exemple.

Illustration n° 6 : La rhétorique chez Spinoza. — Cet exemple est pris chez Spinoza, sans doute le plus « logique » de tous les philosophes. Dans l'*Ethique*, où il expose toute sa philosophie sous forme de théorèmes, prouvés de façon géométrique par définitions et démonstrations, Spinoza introduit pourtant des *scolies*, c'est-à-dire des remarques plus ou moins longues destinées à mettre ses théorèmes à la portée du lecteur, à combattre les préjugés et les

(1) Cf. Ricœur, p. 372.

passions qui empêchent celui-ci de les comprendre. D'essence pédagogique, le scolie est l'intrusion de la rhétorique dans la philosophie rationnelle. Nous donnerons à titre d'exemple la scolie de la proposition XLI du livre V.

« *Proposition XLI.* — Quand même nous ne saurions pas que notre âme est éternelle, la moralité et la religion et, absolument parlant, tout ce que nous avons montré dans la quatrième partie qui se rapporte à la fermeté d'âme et à la générosité, ne laisseraient d'être pour nous la première des choses.

« *Démonstration :* (...)

« *Scolie.* — La mentalité du vulgaire semble être différente. La plupart en effet semblent croire qu'ils sont libres dans la mesure où il leur est permis d'obéir au désir sensuel et qu'ils renoncent à leurs droits dans la mesure où ils sont astreints à vivre suivant les prescriptions de la loi divine. La moralité donc et la religion, et absolument parlant tout ce qui se rapporte à la force d'âme, ils croient que ce sont des fardeaux dont ils espèrent être déchargés après la mort pour recevoir le prix de la servitude, c'est-à-dire de la moralité et de la religion ; et ce n'est pas seulement cet espoir, c'est aussi et principalement la crainte d'être punis d'affreux supplices après la mort qui les induit à vivre suivant les prescriptions de la loi divine autant que leur petitesse et leur impuissance intérieure le permettent. Et, si les hommes n'avaient pas cet espoir et cette crainte, s'ils croyaient au contraire que les âmes périssent avec le corps et que les malheureux, épuisés par le fardeau de la moralité, n'ont devant eux aucune vie à venir, ils reviendraient à leur naturel et voudraient tout gouverner suivant leur désir sensuel et obéir à la fortune plutôt qu'à eux-mêmes.

« Ce qui ne me paraît pas moins absurde que si quelqu'un, parce qu'il ne croit pas pouvoir nourrir son corps de bons aliments dans l'éternité, aimait mieux se saturer de poisons mortels ; ou parce qu'on croit que l'âme n'est pas éternelle ou immortelle, on aimait mieux être dément et vivre sans raison ; absurdités telles qu'elles méritent à peine d'être relevées. » (Trad. Ch. Appuhn, retouchée, Garnier, 1934).

La proposition, véritable théorème philosophique, est suivie d'une démonstration de type géométrique. Si elle est purement logique et s'adresse à l'entendement seul, il n'en va pas de même du scolie.

Il s'adresse, non pas à de purs entendements, mais

à des hommes, certes très nombreux, et pourtant particuliers : le *vulgaire*, autrement dit la foule de ceux qui ne sont pas entrés dans la connaissance philosophique. Ces hommes sont voués non seulement à l'ignorance, c'est-à-dire à un vide de savoir qu'il suffirait de combler, mais à l'erreur, à tout un ensemble de préjugés structurés dus à l'imagination et aux passions. Au lieu donc de savoir que la moralité est en elle-même bonne et utile, ils *croient* qu'elle n'est qu'un fardeau dont ils seront déchargés dans l'au-delà. Il s'agit d'un utilitarisme religieux à base de calcul et de crainte. Le conformiste qu'interpelle Spinoza n'est pas différent du libertin ; il est tout simplement un libertin qui a peur. Pour combattre cette mentalité, cette *persuasio*, il ne suffit pas de démontrer, il faut une autre *persuasio*, une rhétorique.

On note d'abord que Spinoza emploie les mêmes mots — « moralité » *(pietas)*, « religion » *(religio)* — que le vulgaire alors qu'il les a définis au livre IV (pr. XXXVII, scolie I) à sa manière pour les intégrer à son système. Pourquoi n'a-t-il donc pas créé des néologismes ? En effet, si ces vertus peuvent se traduire par les mêmes actes extérieurs, elles partent, chez le vulgaire et chez le philosophe, d'un état d'esprit totalement différent ; chez le vulgaire, elles sont faiblesse et servitude ; chez le philosophe, force joyeuse d'une âme éclairée et libre. Alors, pourquoi garder les mêmes termes ?

Certes, Spinoza se heurte à l'obstacle de toute philosophie ; il est contraint de recourir au commun langage pour désigner des concepts nouveaux. Mais surtout, le fait d'utiliser les mêmes mots que l'interlocuteur est un procédé de transfert rhétorique. Car les termes courants, même épurés, gardent leur connotation, sur laquelle le philosophe peut jouer pour persuader. Et on le voit ici ; tous les hommes accordent à « moralité » et à « religion » une connotation positive (du moins à cette époque), connotation de « valeurs respectables » ; mais alors, dit le philosophe, pouvez-vous les fonder sur le calcul mercantile et sur la crainte infantile ? Sont-elles encore respectables ? On note également des métaphores, comme *fardeau*, qui seraient exclues de la partie proprement démonstrative de l'*Ethique*. Quant à *fortune*, c'est un terme qui ne désigne rien pour le philosophe et qui n'a de reférent que pour le vulgaire.

Quant à l'argument final, il commence de façon significative par « me paraît » *(mihi videntur) ;* l'auteur se situe lui-même dans le domaine, rhétorique, du vraisemblable. L'argument est une analogie, presque une allégorie. En fait, il est plutôt sommaire ; car, entre les termes du phore : *poison*, *démence*, et ceux du thème : *désir sensuel*, *fortune*, la ressemblance est incomplète et l'analogie boite ; il lui manque un élément essentiel pour être valide : le plaisir. Car le libertin trouve du plaisir à satisfaire ses désirs sensuels, alors qu'on voit mal quel plaisir on peut prendre à s'empoisonner ou à être dément ! Pour que l'analogie fonctionne, il faudrait déjà admettre ce que Spinoza pense avoir prouvé par ailleurs, qu'une vie abandonné aux sens et à la fortune est intrinsèquement malade et insane, que le plaisir qu'on y rencontre ne peut être que fugitif et trompeur, qu'il se réduit, comme le fait de s'empoisonner, à un acte de désespoir. Mais si l'interlocuteur n'en est pas convaincu, l'analogie n'est plus qu'une pétition de principe.

La phrase finale : *absurdités telles qu'elles méritent à peine d'être relevées,* est une prétérition qui ne fait qu'accentuer le caractère rhétorique du scolie. Mais cette rhétorique, il la fallait. La philosophie, du moment qu'elle s'enseigne, ne peut s'en passer.

V. — Conclusion : éthique et rhétorique

Reste notre problème initial : si la rhétorique est « une arme », a-t-on le droit de s'en servir ? Avant d'entrer dans cet ultime débat, rappelons-en les conditions historiques.

La rhétorique est une invention grecque et, comme telle, elle se justifie par deux grands axiomes de la culture hellénique ; le refus de distinguer totalement la raison et le discours, refus qu'exprime la polysémie du mot *logos ;* le refus de séparer la vérité de la beauté, le beau étant, comme disait Plotin, « la splendeur du vrai ». Si donc toute pensée passe par le discours, l'art du discours est le préalable logique et pédagogique de la pensée. De même, si un « beau discours » n'est pas nécessairement vrai, un discours mal fait est nécessairement un discours qui sonne faux. Aucun penseur grec n'a voulu rompre ce lien conjugal entre beauté et vérité. Et même quand Platon ou les stoïciens rejettent la rhétorique comme fausse, c'est pour mettre à la place non pas je ne sais qu'elle absence de rhétorique, mais une rhétorique plus belle et plus vraie.

Maintenant, les reproches éthiques qu'on peut faire à la rhétorique — et qu'on lui a toujours faits — se ramènent pour l'essentiel à quatre : 1) elle repose sur le vraisemblable ; 2) elle est foncièrement polémique ; 3) elle manipule ; 4) elle mêle, de façon inextricable, l'affectif au rationnel, l'inextricable faisant précisément sa force.

1) Le vraisemblable, fondement de la rhétorique : aussi bien celle-ci s'est-elle toujours accommodée d'une philosophie relativiste, voire nihiliste. Mais elle ne l'implique pas. Disons d'une part, contre les

sophistes, que la rhétorique n'a aucun droit sur les domaines où l'on peut prétendre à la vérité objective. Mais rappelons d'autre part que la rhétorique a son propre domaine, celui des relations humaines, où il est impossible d'atteindre au même type d'exactitude et d'objectivité qu'en science, voire qu'en philosophie. Ceci étant, « il est évidemment aussi déraisonnable d'accepter d'un mathématicien des discours simplement persuasifs que d'exiger d'un rhéteur des démonstrations probantes » (Aristote, *Ethique à Nicomaque*, 1094 *b*). Dans le domaine des relations humaines, il n'y a pas d'évidences, sinon négatives ; il n'y a que des « causes », qui peuvent être plus ou moins vraisemblables.

Il y a pourtant des causes justes, dira-t-on, objectivement justes ! Socrate, Jeanne d'Arc, Dreyfus... Oui, pour nous. Mais pour les contemporains, ces causes n'avaient rien d'objectif ; dans l'incertitude quant aux données et dans l'aveuglement des passions, comment pouvaient-ils y voir clair ? Et comment la justice a-t-elle éclaté, finalement, sinon par des avocats ? La justice ne va pas de soi ; et la pire injustice est de croire qu'elle va de soi.

2) Il est donc normal que la rhétorique soit polémique, qu'elle substitue à l'objectivité, impossible dans son domaine, la pluralité des points de vue ; normal que tout soit sujet à controverse et à raisonnements par pour et contre ; normal que la cause la moins bonne ait ses avocats, non pas parce qu'elle est juste, mais parce qu'il est juste qu'elle soit défendue. C'est le principe même du pluralisme et de la démocratie.

Reste, et notre métaphore de l'*arme* est trompeuse, reste que la polémique n'est pas la guerre. Elle est même exactement le contraire, car elle n'est possible que là où l'on dépose les armes, ou *cedant arma togae*, où le combat fait place au débat. Sans doute le débat peut-il être long, épuisant et cruel. Mais il n'est pas la guerre, la guerre où triomphe la causalité aveugle et la mort. Tant qu'on parle, on ne se tue pas. Mieux encore, dans la joute rhétorique, on ne perd ni ne gagne jamais tout à fait par hasard, et ni la victoire ni la défaite ne sont irrémédiables. Les Anciens n'avaient pas tort de comparer la rhétorique au sport ; l'un et l'autre canalisent l'agressivité humaine et constituent une victoire de l'art sur la guerre, du raisonnable sur l'arbitraire.

D'ailleurs, que se passe-t-il là où la polémique n'est plus possible ? Cette dégradation barbare du discours qu'on appelle *la langue de bois*, et qui est le propre de toutes les bureaucraties souveraines, de gauche ou de droite peu importe, du moment qu'elles n'ont plus à polémiquer. Cette langue, coupée des réalités humaines, faite de phrases substantivées, de formules rituelles et incantatoires, raisonnant à partir de pseudo-évidences et de dichotomies manichéennes, cette langue de bois est le contraire même de la rhétorique.

3) La « victoire » de la rhétorique n'en est pas moins une manipulation, dira-t-on. D'ailleurs l'éthique des grands rhéteurs comme Cicéron et Quintilien se ramène à une déontologie d'avocats se résumant d'un mot : tout pour la cause ! On peut agir sur les émotions, truquer les faits, mentir même, la seule condition étant de ne jamais rien faire qui nuise à sa cause, par exemple de ne jamais chercher à briller pour son propre profit d'orateur.

Pourtant, le seul moyen de n'être pas manipulé par le discours des autres, celui des individus ou celui des institutions, c'est de connaître les techniques qui le rendent persuasif. Plus encore, la rhétorique nous permet de percer à jour les ruses de notre propre discours, d'être lucides envers nous-mêmes ; elle est un instrument non seulement de critique mais d'autocritique. Bref, si la rhétorique comme technique peut asservir, comme théorie, elle libère.

4) La rhétorique, mélange inextricable d'affectif et de rationnel. Certes, mais ce mélange, c'est l'homme lui-même. Il est vain de croire que nous puissions jamais penser et décider de façon purement rationnelle, en tout cas pour ce qui nous concerne vraiment. Déjà beau si nous sommes simplement « raisonnables » ! De plus, nos sentiments ne sont pas tous du même type ; ils peuvent être aveugles ou clairvoyants, versatiles ou profonds, infantiles ou adultes. Et la valeur d'une rhétorique est fonction de la qualité des sentiments auxquels elle fait appel et qu'elle transfère. Reste que cette valeur — et l'erreur fondamentale des sophistes est d'avoir cru le contraire — cette valeur, ce n'est pas à la rhétorique elle-même d'en décider. Elle est d'ordre éthique.

Rhétorique, instrument de vérité ? Pas nécessairement. Mais instrument de paix, de lucidité, de culture, oui, elle l'est, ou elle peut l'être.

Pourquoi nos habiles rhéteurs ne pérorent-ils pas avec leur coutumière éloquence ? demande le poète grec. Et il répond : *C'est que les Barbares arrivent aujourd'hui. Eux, ils n'apprécient ni les belles phrases, ni les longs discours* (1).

Rhétorique ou barbarie...

(1) C. Cavafy, Περιμένοντας τους βαρβάρους : « En attendant les barbares », trad. Marguerite Yourcenar, NRF, 1978, p. 84.

BIBLIOGRAPHIE

Angenot, Marc, *La parole pamphlétaire*, Payot, 1982.
Aristote, *Rhétorique*, Budé, 3 vol.
Poétique, 1 vol.
Barthes, Roland, L'ancienne rhétorique, in *Communications*, n° 16, Seuil, 1970.
Campbell, George, *The Philosophy of Rhetoric* (1776), reprint Southern Illinois University Press, 1963.
Chaignet, A.-E., *La rhétorique et son histoire*, Wieveg, 1888.
Cicéron, *De l'orateur* (De oratore), Budé, 3 vol.
— Brutus, 1 vol.
— *L'orateur* (Orator), 1 vol.
Cohen, Jean, *Structure du langage poétique*, Flammarion, 1966.
— Théorie de la figure, in *Communications*, n° 16, 1970.
Du Marsais, C., *Traité des tropes*, Le Nouveau Commerce, 1977.
Flader, Dieter, *Strategien der Werbung*, (Stratégies de la publicité), Scriptor Verlag Kronbert/TS, 1976.
Fontanier, Pierre, *Les figures du discours* (1830), édité et préfacé par G. Genette, Flammarion, 1968.
Genette, Gérard, *Figures*, 3 vol., Seuil, 1966-1972.
— *La rhétorique restreinte*, in *Communications*, n° 16, 1970.
Jakobson, Roman, *Essais de linguistique générale*, trad. N. Ruwet, Minuit-Point, 1970.
Kerbrat-Orecchioni, Catherine, *La connotation*, Presses Universitaires de Lyon, 1977.
Kibedi Varga, A., *Rhétorique et littérature*, Didier, 1970.
Marrou, H.-I., *Histoire de l'éducation dans l'Antiquité*, Seuil, 1948.
Navarre, O., *Essai sur la rhétorique grecque avant Aristote*, Hachette, 1900.
Oléron, Pierre, *L'argumentation*. « Que sais-je ? », PUF, 1984.
Pascal, Blaise, *Pensées et opuscules*, Hachette, 1955.
Perelman, Ch., et Olbrechts-Tyteca, L., *Traité de l'argumentation*, Vrin, 1976 (TA).
Perelman, Ch., *L'empire rhétorique*, Vrin, 1977 (ER).
Quintilien, *Institution oratoire*, Budé, 7 vol.
Rhétorique générale, groupe μ, Larousse, 1970.
Richards, I.A., *The Philosophy of Rhetoric*, Oxford, 1979.
Ricœur, Paul, *La métaphore vive*, Seuil, 1975.
Suhamy, Henri, *Les figures de style*. « Que sais-je ? », PUF, 1981.
Todorof, T., *Théories du symbole*, Seuil, 1977.

INDEX DES TERMES TECHNIQUES

Le chiffre renvoie à la page où le terme est défini.

TABLE DES MATIÈRES

Imprimé en France
Imprimerie des Presses Universitaires de France
73, avenue Ronsard, 41100 Vendôme
Novembre 1998 — N° 45 812